畫板上的
教·養·課

啟發兒童的思考力、執行力、創造力、解決問題的能力，享受成就感

許榮哲 著

目錄

【推薦序】

不一樣的美勞課

和許老師的緣份，要從民國八十五年說起。那時我是幼兒園老師，我的工作就是每天和小朋友一起上課、玩遊戲。我發現幼兒的美術課程很少有清楚的系統與內容，教課的內容大都是外聘老師帶來的市售材料包或半成品，而且因為統一購買教材，又混齡上課，結果就是委曲了大孩子，辛苦了小小孩。我想難道沒有不一樣的美術課程嗎？沒有好玩又適合孩子年齡的美術工藝課程嗎？我們和園長很認真地找了專業的美術老師來幫孩子上課，可是老師一個口令，孩子一個動作；孩子只是複製了老師的作品。到了學期末的成果發表會，我們將孩子的作品展示出來，但孩子卻不認識自己的作品，有孩子說那是老師做的。

面對這種樣板的美勞課，當時我只是幼兒園的一般老師，能說什麼呢？於是我努力尋找與打聽業界大家推薦的幼兒美勞師資培訓機構；然後認識了許榮哲老師。許老師用兒童發展與遊戲搭配美勞材料，實驗出有趣的「發展式兒童藝術五段教學法」。許老師說無論任何年齡層或領域的學習經驗都必須是開開心心的，許老師就是讓學習變得有趣的人。

當小班的孩子第一次離開父母會沒有安全感，有人說哭三天就沒事了。但在這裡我們給孩子安全的環境與足夠的時間，讓媽咪陪伴也可以。事實上，只要用有趣的遊戲來吸引孩子的學習，孩子很容易就融入課程，並期待下次再來。孩子還會提醒大人可以離開教室，不必再陪伴呢！

中班的孩子喜歡探索，所有的材料都有被使用創作的可能性。於是在這裡，牙刷、彈珠、針筒（剪掉針的尖頭）、水果、棉線、抹布、日常用品等等，都可以拿來當做創作的工具與材料。孩子們都很快樂在玩美勞，於是有孩子說「我不要下課」，有孩子每天在家都一再問「今天是星期幾，要上畫畫課嗎」，有孩子一下課就跟媽咪說「我明天還要來喔」……是的，這就是發展—5的魅力。

大班的孩子進入造型認知的可能性，所以我們和孩子一起分享，人要怎麼畫、動物的特徵是什麼、植物和動物又有什麼樣的生長環境，也加入立體的陶土、木工、版畫，甚至還可以在桌子上畫畫再拓印。

這些都是我之前在幼兒園意想不到的美勞活動，原來創作可以如此多樣化，並且讓孩子自己決定要做什麼，原來美勞活動可以讓孩子這麼快樂。

小學生以後的美勞課程更是有系統性發展，讓孩子從他的生活經驗與學校的課程中整合。原來畫圖可以有自己的想法，不必擔心畫得像不像；還有色彩學、藝術史、畫家的風格，拉開孩子對藝術的多樣表現與親和力。

其實最讓我們開心的是，有些在學校讓老師頭痛不乖或自卑不想講話的孩子，在接觸這種以快樂與安全感的課程後，慢慢找回了自己，也恢復了快樂。而功課與人際關係也因此大大進步，令人感到安慰。

是的，如果一開始的學習是快樂的，有成就感的，可以自我肯定的，孩子的學習態度就會是好的，會對自己負責任和照顧別人，也會有禮貌，我想不管孩子未來在學校的成績好不好，會不會念書，但在教室外面孩子仍擁有一個好朋友陪伴——它的名字叫藝術。

在教學的路上，家長的肯定和孩子的成長，讓當老師的我們很有成就感。現在我真心推薦許老師這本《畫板上的教養課》，在書裡面，大家可以更清楚地看到許老師對藝術教育的堅持，以及如何讓孩子安全快樂學習的方法。

幼兒美勞教師 **卓鳳芸**

【推薦序】

在孩子心中種下一個藝術的種子

定諭上幼稚園之後，抱著學才藝也增廣見聞的心態，陸續到過幾間畫室參觀，有的是時間不能配合，或是對繪畫教學方式不喜歡。一直到某天定諭阿姨發現他在幼稚園畫的圖，強烈告訴我一定要讓定諭去學畫畫，而且他們願意幫忙接送。就這樣因緣際會找到許榮哲兒童美術工作室，他和表姊、表哥、表妹們一起展開這一趟漫長又意義深遠的藝術學習之路。

在許榮哲兒童美術工作室上課是很特別的經驗，課程一開始老師會利用講故事探討每個人的想法，或變魔術、玩遊戲、鼓勵孩子分享笑話、討論旅遊經驗、學校知識……等等的方式帶入當天要上課的主題。我在教室外的家長休息室等待孩子時，總會聽到不絕於耳的歡笑聲（定諭的一顆門牙，就是在製作布偶的那天，聽故事時笑得太高興而掉下來的）。經由老師的引導，激發小孩天馬行空的想像力，再將其付諸創作，小孩的作品每每都讓人驚豔；下課時總會看到家長們迫不及待地進到教室找尋自己小孩的作品，並用相機紀錄下來。老師也訓練小孩的生活常規，不是作品完成就可下課，課程結束要收拾桌上物品及打掃環境外，更有值日生負責檢查。將學習與生活結合，讓小孩在無形中養成好的生活習慣，這是工作室送給家長最好的禮物。

工作室的老師們完全尊重小孩們的創作意願，雖然用相同的媒材，每個人的作品卻不盡相同。例如有一次陶土課的主題是動物，定諭還是想做摩托車，所以課程結束後，老師給了他另一塊陶土，讓他帶回家繼續創作他的摩托車，完成後再送回教室和其他作品一起進燒陶土窯。另一次的水墨畫主題也是動物，但是定諭在上課前就一直在觀察許老師的重型機車，他原本想要畫車子，可是那天主題是動物，在老師鼓勵下最後呈現的是猴子騎重機。定諭是一個固著性很高的小孩，到現在他仍然對各式各樣的交通工具愛不釋手。當他仍要畫車子時，老師一樣讓他畫，只要求他有不同的變化，沒有壓抑小孩的興趣又刺激小孩的想像力，更接受小孩對創作的挑戰，有這樣包容力的老師與工作室是很難遇到的。

定諭是個很特別的小孩，非常敏感、觀察力強、情緒起伏大，固著性很高，很容易亢奮，但環境對時他可以耐著心性專心工作，只是老師需要花很長的時間及耐心和他磨合，讓他遵守上課秩序並且及時完成作品。在國小高年級時，因為學校換了新導師，他不適應，而後又和同學起衝突，在學校過得很不開心，甚至放棄課業的學習；讓我一度非常擔心他能否適應國中的新環境，幸好在小學時期他長時間的繪畫基礎給了他很大的幫助。國中班服的評選，他的作品被全班票選當作班服圖案的設計型版，全班穿著他設計的班服。國中一年級的校際龍拳比賽，他除了被同學推舉為比賽的班級大隊長，還負責喊口令跟帶領大家練習外，導師更是將創意進場的道具交給他設計；在他與同學們的合作之下，也獲得了評審老師們的青睞得到獎牌；這些是很重大的責任，他卻能夠一一去完成，幫助班級贏得榮耀，這個經驗讓他對自己更加有自信，相信自己可以接受任何挑戰並且完成任務。

過去他總是習慣對我說，他覺得自己的作品是最難看的；而我總是一再地告訴他，只要是他親手用心完成的作品，都是最棒的作品。這次能夠藉由長時間磨練的美術創作表現獲得學校老師的肯定，勝過我的千言萬語。這些幫助讓他的心情穩定、情緒不浮燥，國中生活適應得很順利，功課也因此有了大大的進步，讓我原先的擔心一掃而空。

隨著時代的進步，現在小孩的學習資源相對於過去豐富多元，但如何幫小孩找到一個適合的學習環境及老師卻是相對困難，家長讓小孩學習才藝的心態更影響了孩子的學習路程。繪畫是定論唯一長久學習，沒有暫停與挫折的一項才藝。相對於他而言，我是一個完全沒有繪畫天分的人，讓他學畫圖就像是運動一樣，希望他能從創作的過程中放鬆心情，不管他拿什麼給我看，我就是欣賞與支持。從他的身上我深刻地感受到，不管任何的學習都不要心急，想要期待馬上看到結果：現在的學習就如同埋下一顆種子，在未來的某個時刻一定會展現成果，而且還會和生活經驗結合，創造更多的驚喜。

許榮哲兒童美術工作室能夠讓小孩開心的學習，重視畫前討論的過程，尊重小孩的創性、重視小孩的想法，創作結果完全由孩子決定，並要求家長要用欣賞的角度接納孩子的創意與工作態度，工作室配合小孩的成長階段給予適合的分齡課程。小孩的童年只有一次，在好的啟蒙老師帶領下，可以為他們帶來無限可能。工作室的裝潢不是最華麗，但到處展示著學生的作品，老師都充滿愛心與耐心，使用的教具與材料也都適合小孩操作。這是一個有愛的環境，不時見到已經長大或是出國念書的學長學姊回來拜訪老師；對於家長的疑問，老師更是用心仔細回答；這樣一個充滿魔法的地方，絕對值得你和孩子一起來探險。

在學校裡的第一名只是課業學習的呈現，要能夠將教室外的學習回饋到校園及生活中，其蘊涵的意義就更加深遠。很幸運能夠幫定諭找到一個讓他童年快樂成長的好地方，更希望藉此機會可以將工作室的理念讓更多家長知道；現在許榮哲老師將他從事二十六年的兒童美術教育經驗與家長教養孩子的疑惑整理成《畫板上的教養課》，希望這樣的理念能讓您陪伴孩子長大的路上找到一絲絲支持的力量。

很高興跟大家分享我與孩子的成長經驗，最後還是不免俗地要謝謝老師們一直以來的鼓勵與教導。孩子進入國中課業壓力加重許多，更需要在有色彩的世界裡好好放鬆，不管未來孩子升學的選擇是什麼，我們都要繼續在有愛的地方快樂生活下去。

學生家長 **黃鴻如**

【推薦序】

讓藝術的手牽著孩子一起前進

G是一位從幼稚園就一直在畫室裡長大的國中女孩，清秀的臉、活潑的個性很有男生緣。每週五學校放學後，G總是高興地來畫室畫油畫。六月的某一天，她帶著挫折又尷尬的眼神來畫室找許老師。她說：「老師，您可以幫我一個忙嗎？」然後滿臉通紅。看似簡單的一句話，對一位國中女孩卻需花很大的勇氣，才能開口對她信任的人講。

「好啊，我們一起吃晚餐，邊吃邊說。」許老師很喜歡在吃飯的時間陪學生聊天。「來！告訴我，發生了什麼事需要老師幫忙。」

這又是一位不被學校、老師、家長肯定的孩子，由於功課不好，在班上被認為調皮，還帶頭搞怪，且常跟老師唱反調，尋求同儕的認同，男同學跟她豎大拇指說讚。這個行為卻帶給家長無限的擔憂與困擾。導師約談了家長，家長想用休學切斷孩子與同學的互動，可是G不願意休學，因為她不想比同學晚一年畢業。孩子說出了心裡的無助感，希望許老師能幫她跟媽媽說一下。當下許老師鬆了一口氣，以為發生了什麼女學生難以啟齒的問題。還好啦！不就是功課不好，所以做什麼都不對，還有和男同學在一起的問題。許老師也說出自己以前當學生時的經驗來鼓勵她，並拉近二人互信。許老師說自己國中留級，高中又留級，考試帶小抄被記大過，幫老師取綽號被海扁，跟同學打架……但是因為喜歡藝術，後來努力考上國立台灣藝術大學，再出國念藝術教育，回國再創辦藝術工作室，讓喜歡藝術但不喜歡讀書的孩子心靈有一個家。最後許老師答應幫孩子跟她的媽媽談談；當然也分析了大人擔心的原因，讓孩子也了解為自己努力的價值，討論了選擇朋友的重要性。於是許老師和孩子達成共識：1.不休學。她把功課拉起來，老師幫她推進藝術大學，因為兩人都喜歡藝術。2.她必須改變在學校的行為，不帶頭作怪。3.她寫一封信給媽媽，把心裡想說的話全部說出來。曾經大人有誤會的地方也解釋清楚，為自己的改變作承諾，以及說明不想休學的理由。

隔週許老師將孩子寫的信轉給她媽媽，同時也打了電話並親自寫一封信給女孩的媽媽。這封信深深地感動了我：

G媽媽，您好

請再給孩子一次擁抱您的機會

聽聽她心裡的聲音

也許她沒有很快就改變

也許她說完就忘了

但沒有放掉就會一直牽著
她就像進入花園的好奇小女孩
邊走邊玩，落在我們的後面，叫她都不理
我們必須多一點耐性等她追上來
如果我們能在樹下等她
她會追上來的
希望您有好心情
等她一下下

許老師 **2017.6.19**

「請再給孩子一次擁抱您的機會，聽聽她心裡的聲音」……能當許老師的學生，真是最最最幸福的緣分。類似這樣的案例其實一直都存在，這也就是二十六年來我認識的、依然對藝術教育有熱情與執著的許榮哲老師。

許老師常說：「我們是用藝術做教育的工作，讓藝術的右手牽著孩子，而左手拉著教育，一起快樂的前進與學習。」

喜歡親近孩子的許老師常在課堂前後和孩子聊天，從關心孩子吃飯了嗎、或探詢孩子適應幼兒園的情形，並在聊天中知道孩子的家庭及適應小學或國中的學習狀況，以及大孩子如何選擇大學科系……等等，甚至孩子長大了交男女朋友都帶來給許老師看；有趣吧！看得出來孩子對許老師的信任，知道許老師真心關心他們（我們還去探訪大三就當小爸爸的藝術天才學生）。

記得有位孩子在上完長達六個月的木工車子設計與製作課時，曾寫下這麼一段話：「許老師就像爸爸教我騎腳踏車一樣，有時緊緊扶著我不讓我跌倒，有時卻放手讓我摔下，但是我學會了自己前進。」這是學生心裡的許老師。

還有一位從小在畫室長大的北一女學生曾經借了把愛心傘，多次忘了歸還，最後一次與許老師約好在週五上課時會帶來。當天傍晚卻來了電話說學校有活動不能來畫室了，當然愛心傘也無法歸還。許老師跟孩子說：「說好了就要做到，這是責任感。我可以了解學校有事，但請於今晚一定要將傘送還到畫室的傘桶。」並請我打電話告訴家長，他與孩子的這段對話；並轉達不是要為難孩子，而是學業愈優秀的孩子更愈要有良好的生活態度，成為有能力並能承擔責任的人，請家長能了解。若我是孩子的家長，我會感動不已，有這麼一位老師在乎我孩子的品格態度。

與其說許老師是教美術教畫畫，我心目中的許老師教的是美學的生活態度。在這忙碌的工商社會，大家都匆匆忙忙，急忙著上學、急忙著上班、急忙著吃飯，連走路都急急忙忙地，當孩子才

一、二歲時，就急著將孩子送到幼兒園學習，認為孩子應該要學習獨立長大，但不知道孩子還沒準備好，此時期更需要足夠的安全感與溫馨的愛。「獨立、長大」並不代表就要跟家人分離，也不是要難過地哭三天才好，也不必讓小小年紀就要面對冷漠與無助；其實有能力照顧自己，又能跟別人分享的人，才能叫獨立。什麼時候大人們才會放慢腳步，牽著孩子的手慢慢走？我喜歡許老師文章中寫著：

「牽著孩子的手慢慢走。慢，是一種欣賞，是一種樂趣，是一種享受。慢，人生是有趣的。慢，人生是漂亮的。慢，人生是豐富的。」

我原本是一位幼兒園的老師，我從小就喜歡繪畫，喜歡欣賞藝術，喜歡美麗漂亮的事物，也喜歡孩子，能進入兒童美術教育工作是許老師幫我打開藝術的心眼，讓我也能引領孩子進入藝術大草原，讓孩子生命中有位好朋友叫藝術。許老師讓我了解被孩子叫一聲「老師」應有的「態度」。我們培訓兒童美勞教師師資在結訓時會有一段宣誓，每每與來工作室實習的幼教科系大學生分享時，我內心依然感動不已。

「發展式兒童藝術五段教學法宣誓：當我面對孩子的時候，我用我的心，貼孩子的心。我用我的智慧，引孩子的智慧。我用我的愛，讓孩子知道怎麼愛。」

這深深地感動我，影響我，提醒我，要當一位美術老師應有的教育態度。
最後祝福許老師當一位快樂又永遠不老的畫家。
《畫板上的教養課》書中有更深入的解析許榮哲老師的美術教育理念，歡迎大家來抓寶。

專業兒童美勞教師　**潘艷芬**

【自序】

每個孩子都有其天生的創性

每樣生物都有生存與適應環境的本能，所謂的「本能」就是先天原本就具有的能力；人類自離開母親子宮經產道來到人的環境，就不斷在環境中探索生存的機會。

哭聲，是嬰兒試探環境友善與否的訊息並累積經驗。

口腔的吸吮，是維持生命力的本能反應，也是安全感的獲得。

手指抓握，是使用工具的本能學習。

踢腿的反射動作，可以帶動全身的活動能量。

身軀各樣組織與器官透過脊椎與大腦完美連結，並產生思考與表達動作的能力。

這些本能性的動作全部都會隨著環境友善鼓勵而強化運作，並且帶動創造性的連結發展，因而產生了現在人的所謂「天分」，如：音樂、舞蹈、戲劇、美術、雕刻、建築、文學、語言……這些本能性的活動在各地原住民的生活中就很自然地出現；反之，兒童在成長過程中，會因為不友善的環境而阻止了他探索自己的這些天分，因此產生了挫折感。這將會妨礙兒童對本身天分的繼續探索，因此天生的創性（對環境的好奇感）也因此封存不出現，於是我們常以為是這個孩子沒有藝術天分、或呆呆的什麼都不會、或懶懶的什麼都不想做。

天分，是老天給每位孩子的一份禮物，聰明的父母或師長會鼓勵孩子勇敢打開自己的禮物，所謂的「做自己的主人」，那麼人生是有趣的；愚蠢的父母或師長則強勢的說「聽我的話」，那麼孩子就只能呆呆地聽指令行動、或懶懶地等指令再行動了，於是大人們又抱怨著「你怎麼那麼笨，什麼都不會？你難道不會自己想一想嗎」；咦，那麼笨的小孩是誰生的？不會思考的孩子又是誰教出來的？

藝術家．畢卡索（Pablo Picasso）說過，每個孩子都是天生的藝術家，只是在成長的過程中是否有機會被鼓勵持續創作。在我二十六年的美術教學經驗中，我實際觀察到乖乖聽話的孩子在小學階段學校的功課表現都很不錯，但需要創造力的藝術活動表現就顯得平淡，其繪畫的風格較趨向寫實，人際關係沉穩，討論問題時表現安靜沒有意見。另外一種是，上課很吵，一直搶著要表現，想法一大堆，會挑戰老師的觀念，但是畫圖的專注力與創造力卻很棒、很精彩。

哲學家柏拉圖（Plato）說：「在洞穴隱喻中談到『假藝術』是以感官的經驗，不顧善惡產生虛幻的現象，人已習慣地下洞穴的黑影，以幻為真，受束縛而不自知；因此複製大自然或模仿他人作品都是助長無知的狀態。」這個現象在台灣的美術班或美術系術科的考試題目：給三張照片讓學生去複製組合照片的內容，就是洞穴囚徒的封閉狀態。這有些難懂，沒關係，我們換一個方式說，「真藝術」是以靈魂的真知開啟精神的自由達到善的理念，這才是真實的存在。而教育的本質就是一種啟蒙和解放。哇！更難懂了！

我簡單的說：「模仿」一定是一種學習的方式，也有人認為這是學習基礎，是必然要的，但是模仿別人或模仿大自然只是視覺記憶的再現，都是失去自己的想法（假我），是沒有思考作為的，就是沒有創意的活動，所以是「假的藝術」，因為這樣的教學對人類的智慧啟蒙是沒有貢獻的。

那麼「模仿」既然是一種學習的方式，又哪裡不對了？在啟蒙與創造的教育前題下，我們鼓勵「模仿自己」，讓自己的心性在自由狀態下做自己快樂的事（真我），那麼這就是「真藝術」。這無所謂藝術的表現方式是寫實或非寫實，藝術的風格純然是個人心性的自由狀態表現，我們就是鼓勵與欣賞而已。

牽拖了兩位先賢前輩來作伴只是想要為《畫板上的教養課》這本書做一個引言。畢卡索的創意令人驚訝與尊敬，將三度空間的世界在二度空間扭轉再真實呈現，這是真理的再現，他說：「I find, I don't seek.」這鼓舞了我探索我自己的好奇，這個好奇也打破了我長年在台灣美術課被訓練到只會抄襲圖片與寫實的侷限。柏拉圖的美育思想啟發了我追求真理的藝術教育態度。

當我準備好站在孩子面前，孩子們叫我一聲「老師」時，我內心感到無比的榮耀與歡喜，我運用遊戲的功能讓他們的學習變得有趣、好玩、有期待，我透過藝術的媒材特性讓他們的創性本能充分輸出，然後可以發現自己的價值。我很高興我能跟孩子們一直保持著亦師亦友亦父的互動。曾經，有位媽媽帶著單親的孩子來到我的美術工作室，她說：「我知道許老師不教繪畫技法給孩子，我們只想讓孩子來感受一下父親的愛……。」

《畫板上的教養課》前身是《教室外的第一名》，我從小住在桃園的海邊，常常拿書包去撈魚，喜歡繪畫，不喜歡背書也背不起來，考卷裡總是找不到我要的答案，而老師的答案又偏偏跟我的想法不一樣，學人家考試作弊又曝光，國中高中各留級一次也很不平凡，幫忙老師取綽號很真實、他卻自卑轉生氣，不知道同學為何不爽我、兩人就抱在一起了……哈哈哈，只有美術課、體育課、音樂課才能讓我感覺呼吸順暢。

後來考上國立台灣藝專終於能大口呼吸，藝術喚醒了我的靈魂。同時當了快樂兒童中心的義工五年，接觸孩子與遊戲，我在想，玩遊戲時孩子為何會如此快樂？為了再回來台灣，我勇敢地離開台灣到歐洲找答案。於是我發現了一個躲藏在教室陰影的祕密，「教室內」只有一位乖巧聽話又聰明的人可以得到第一名，然而「教室外」卻人人都可以用自己的想法與才藝得到自己的第一名。於是這樣的概念讓喜歡藝術又不愛讀學校課本的孩子，重新在我的工作室找到自己的成就感。我以前的學習挫折彌補了現在孩子的茫然，我的藝術學習之旅可以讓挫折的媽媽們看到一些希望，我的教學觀念可以讓想當老師的人有一些笑容；於是在二〇〇一年我寫出《教室外的第一名》作為美術教師培訓的專業資料，將藝術教育的意義及管教孩子的盲點整理成書。今承蒙商周出版厚愛重編此書，再發行成為《畫板上的教養課》深表感謝。

為此書寫推薦文的卓鳳芸老師、潘艷芬老師都在我身邊共事很多年，我們讓孩子開心的跟藝術做好朋友，我們感到很開心，也很有成就。定諭媽媽分享了孩子的學習挫折，因著長年學習的藝術表現終於看到孩子的榮耀，值得恭喜；也要感謝國中的導師給了孩子這一個機會，讓孩子的榮譽感帶著他自己不斷前進。台灣師範大學美術系教授江學瀅是藝術治療專業學者，能答應為此書推薦深感榮幸。

有句話是這樣說的：「提燈的手抬高一點，照亮的人就會多一點！」一枝草一點露，我們一起來牽著孩子的手，慢慢散步。我衷心期待每位孩子都能透過藝術的活動，變成一位樂觀、進取、大方和心裡蘊藏濃厚情感的孩子。

一 理念篇

我的童年很快樂，
我的孩子童年也可以很快樂。
我喜歡孩子，我有很好的藝術表達能力，
我希望透過哲學的智慧與愛，
再整理一次我自己；
讓孩子們牽著我的手慢慢走。

1 教室外的第一名

我喜歡畫圖和我的父母（遺傳基因）與成長環境有很大的關係。小時候我沒有看過他們畫圖，倒是母親節時我會畫卡片給媽媽，一直到我去維也納唸書的時候，我才看到我媽媽畫的圖；兒童節時我媽媽畫給我的卡片，我都一直收藏著，還有我阿嬤做的糕粿，真是漂亮極了！所以我喜歡畫圖跟遺傳基因肯定有關係。

沙灘就是我的大畫板

再來，就是後天環境的刺激。我先介紹我的成長環境：我出生在桃園縣觀音鄉新坡村，那是距離海邊大概五、六公里的小村落。我很喜歡到海邊玩，我常說我是在海邊長大的孩子。

大海給人一種挑戰、寬闊、勇敢的感覺，那時候的海邊非常乾淨，釣魚可以不

用釣竿，因為漲潮的時候，海灘就不見了。到了退潮的時候，海灘低窪的地方會留下一些水，也留下了很多魚；我就常常用書包去撈魚，或者雙手用力潑水，魚就會跳到沙灘上，然後用撿的就能撿到貝殼，只是回家後常常找不到我的學校課本。

海邊的沙子非常平整，一步一腳印；我用腳就可以在海灘畫圖，用手去堆沙堡，用枯木及漂流物做工程。海灘就是一個非常大、非常大的畫板。

當有一點冷又有一點溫熱的沙子在腳下滑過，海水沖上來，海水刷下去，沙子在腳底下搔癢，輕輕地擁抱你，像那種愛人相撫的感覺；然後海水「ㄆㄥ——」冷不防地沖上來，「ㄙㄡㄙㄡㄙㄡ」地又退下去，潮水沖激出很多泡跑給你追，然後「ㄆㄥ——」地又撲上來，那種觸覺，那種感覺，我現在還感受得到。現在帶孩子回去海邊玩時，已看不到魚，撿不到貝殼了，偶爾還聞到一些豬的排泄物味道，環保的被漠視讓人難過。

為了比賽要我抄圖片畫圖

我爸爸是小學老師，當然也注意到我這方面的好奇跟興趣，所以他會提供我繪

畫的材料，也找美術老師來指導我。我自己印象深刻的是，在小學二年級的時候，我拿過桃園縣繪畫比賽的第二名。其實我並不感謝那樣的指導方式，為了比賽，你的技巧勢必須要很熟練，所以老師給我一個有圖片的掛圖，告訴我，這是什麼，那是什麼。我記得掛圖上畫的是一個花瓶，花瓶上插滿了花，後面有窗戶，窗戶外面有太陽和山，窗戶兩邊有窗簾，花瓶下還有桌布。

我就每天畫那張圖，畫得非常熟練。到了比賽那天，我很快就畫好了並交出去。老師還問我，怎麼沒給他看一下。我幸運地拿到第二名，那時候還算滿乖的孩子。可是自從那次以後，我就有一個很大的障礙——每次畫圖都要拿東西來看，不然一定畫不出來。

另一件印象深刻事是，聞書香我就安詳了。

小學時，我讀了很多漫畫書，卻不喜歡讀學校發的課本。我爸爸說我讀書是用聞的，做功課時趴在書本上聞一聞就安詳了，沉浸在書本的香味中就不知不覺睡著了，所以我還真是書香子弟。

但小學的功課對我來說卻沒問題，因為我很聰明，上課時認真聽老師說我就會了。我回家是不寫功課的，寧可讓老師打手心，我也不想寫作業，但是我就會啊，考試也一百分；所以小學時，我是在裡面玩長大的。

初中留級了

順利進入省立初中時，還是維持在以往的讀書方式——「繼續聞書香」，我不喜歡背課本，但是可以感受書本的芳香。一年級還好，到二年級時終於被老師重視，老師說這個孩子不得了，我一定要多留他一年來陪我，這個孩子以後要對社會國家做一番貢獻的人。我充分感受到「天將降大任於斯人也」的苦難，於是多唸一年陪老師。

這當中有一件事要特別感謝我的父親。當時我唸的學校有高中部。考試時，學校為了避免有人作弊，會將同班的學生打散，而且不在原本的教室考試，考場一排是初中部，前後左右則是高中部。那時的國文考卷規定要用毛筆書寫，所以考試時還要磨墨。我看到高中生用鉛筆將課文刻在桌面，交卷時再不小心將「墨汁」倒在桌面上，手一抹，鉛筆刻的字就不見了。我就學他們；剛好我刻的那一段都有考出來，寫得很順暢很高興就交卷了，可是忘記用墨汁抹一下桌面，就跑去打籃球了。

下一堂考試前，就聽到學校廣播「某某班許榮哲到教務處參加下一堂考試」這就是所謂的法網恢恢。

為何說要感謝父親呢？我回家當然不敢說，當然也希望老師會忘掉這件事，可是隔了一個禮拜的某天早上，學校寄來了一封掛號信，裡面大概寫了我考試舞弊的事，所以被記大過一次。

爸爸看了信之後就問我：「這是怎麼一回事？」

我反應很快地說：「那不是我，那天我前面有一位同學沒有來考試，而剛好有一個同學作弊，因監考老師不是我們的老師，他只算點名表上的人頭，所以誤會是我了。」

爸爸講了一句話讓我印象深刻，他說：「你是我的孩子，如果是老師誤會你，那我明天一定去學校跟老師說明清楚；但如果是你做錯事情，能夠利用這次機會好好反省，改過來就是好孩子。」

聽到這句話，我的胃一直在翻騰，良心受到不曉得是一種譴責還是感動，我想是一種慚愧，後來就到外面去吐了。

我覺得很棒的是，我爸爸能夠在我人生價值觀發生錯誤的時候，很明確地將我

的視角扭轉過來。

做錯事本身並不可怕，問題是你能不能在這件事中得到再反省的機會，如果可以的話，那這件事情反而有價值。

所以現在教育我的孩子，我都跟孩子講：「我最討厭人家說謊，你什麼事情都可以跟爸爸談，我都願意幫你想辦法，但是絕對不可以騙人」。

父母若認為孩子「壞」，他就有很多的「why」跟著他，父母常常問自己的孩子「why、why、why」就真的「壞壞壞」，連三壞，為什麼你這樣，為什麼你那樣，父母生氣了！就失去耐性及修養。

如果把「why、why、why」改成「how」，我們想想「如何」幫助他，孩子輕鬆得救，how、how、how就變成「好好好」。這樣觀念的轉換，大人輕鬆孩子得救。

高中又留級了

就這樣，我唸了四年初中。本來是同學的人，變成我學長，每次要坐車去中壢時，都不敢跟他們坐同一班車。可是也拉拉拔拔地進入高中了。高中時我身體長得比較好，愛玩的本性也變得更好。

在學校裡或在爸爸媽媽心目中，孩子們有些時候不是按照他們的意思在生活，常常就會被冠上「壞孩子」的名字。其實「不乖」和「壞」還有一段距離，我們其實也不是那麼壞，只是沒有「按照老師的答案」、「爸爸媽媽的期望」在長大，依我自己的成長歷程看來，這一路走來也還好啊！

高中時，我唸的是私立復旦中學。導師是教英文的大個頭山東人，因為他的頭髮稀疏，同學就幫他取了一個綽號，叫「禿子」或「章魚頭」；我從小就很有創造力，這個不是新鮮名詞，所以不是我創造的。那時每個禮拜都要寫週記，記錄當週的國內外大事、生活摘要，其中有一欄是「自由記載」。我想不出來要自由記載什麼，於是抄了一段論語的話——「身體髮膚受之父母不敢毀傷」。就這樣刺傷了老師的自尊心，他覺得這樣好像對不起他的父母，就把我叫到辦公室，狠狠地刮了我兩個耳光，理由是「侮辱師長」，所以從此我對這句話印象深刻，對老師的權威與無理深惡痛絕。

這是一個不愉快的經驗，長大後心裡其實很感謝老師的教誨。

我滿懷念一位教體育的李老師。高中時，我的美術與體育比較強，是學校的籃球校隊、田徑代表隊、還有軍樂隊。李老師邀請我加入球隊、田徑隊、軍樂隊，我唱歌唱得五音不全、黑管用力吹就走音，後來改敲鐵琴；鐵琴前面掛著校旗走在隊伍的最前面，很神氣喔！只要參加遊行或打球比賽都可以記功獎賞，所以高中時我的操行成績是一流的，但功課卻是倒數一流的。於是高二時又被老師重視，他說：「你不可以三年就畢業，再陪我一年，老師還有很多事情沒有教給你。」他又要我留下來陪他，我就乖乖地留下來陪他。弟弟的同學變成我的同學了。

升高三那年，為了頭髮的問題跟教官賭氣（當時高中生只能留三分小平頭），帶了三位好朋友一起轉學到台北。

一九八九年我從維也納回來，學校請我去談幼兒美勞教育的觀念，剛好碰到以前教我體育的李老師。離開二十年後再回去學校的時候，心情是緊張又喜悅的，害怕見到讓我印象深刻的老師；聽說當年的英文導師退休了，體育老師還在任教。李老師見到我很高興，一下子就認出我來了。我跟李老師說，我要到幼保科去演講，他說剛好他要出去辦一下事。後來教官便把同學都集合到禮堂，我又看到李老師在禮堂內，我相信他的心裡一定很高興，他把事情排開就在那邊陪我。

我心情很安靜，我跟學弟學妹講的第一句話就是：「二十年前我也站過這個台上，只是那個時候是因為背不出英語背誦，在台上被罰站；今天是被邀請上台來，跟學弟學妹分享我以前為什麼會被罰站。」

我常常跟家長談到，一個人在成長的過程中，有很多挫折在等著你。從一出生開始，喝奶會嗆到，拍著拍著就會吐，睡覺會做惡夢。在學校會與同學碰撞，會被同學捉弄，會被老師羞辱，或者其實你沒有調皮而老師誤會你。離開學校以後進入社會，也有許多挫折在等著你，等著你去解決，等著你去協調。結婚以後，有人說結婚是個避風港，可是這個港的風也還真大，它也等著你去面對很多問題，你不止解決自己的問題而已，還有孩子的問題，太太的問題，父母的問題，整個家庭發展的問題，左右鄰居的問題等等。

所以，光是「乖乖的」聽爸爸媽媽的話，聽老師的話，真的就會讓你在成長過程中一帆風順嗎？好像也不是。

我成長當時的社會在「升大學」的觀念下，知識的成就是唯一讀書的指標。父母大多希望小孩讀大學。而社會待遇也是現實的，大學畢業跟高中畢業去找一個

工作，待遇是明顯不一樣的，這是很清楚的事。可是他們都忽略掉我功課以外的才華；我在教室外面的表現，比方，我幫助同學、我有正義感，我的體能、我的投籃準確度，我畫畫做壁報，為學校做的那些光榮事情，但在那種以「六十分」為準則，分上等、下等人的價值觀下，顯然我是自卑的。我爸爸已經習慣這樣的事情，所以在第二次面對我留級時，什麼話都沒說，可能也說不出話來；老師的孩子竟然會留級，還留兩次，就太過份了！

我只聽到媽媽跟爸爸說：「孩子都大了，他知道自己在做什麼。」

大學聯考時，我沒考上大學就去當兵。我想那段時間是我跟我爸爸非常冷靜的一段時間。畢業後到當兵之前，我不清楚自己要做什麼，就跑去工廠當了三個月的工人；後來跟領班吵架，又跑回家去窩。接到兵單那天，我自己跑去理了一個大光頭。入伍當天早上五點多鐘，媽媽叫我起來拜拜祖先，我揹著書包到中壢火車站集合，準備要去憲兵訓練中心報到。我沒有跟爸爸說：「爸爸再見，好好保重！」我只是靜靜地坐在火車內，遠遠地看著爸爸站在月台上；他靜默著，我也不講話，兩人就互相看著對方，直到車子開動了，兩人都沒有揮手。

後來父母親去軍隊看我，我就開始感動了。

關於我的成長，講到這裡我簡單告一個段落——**父母陪孩子成長，對孩子的了解，永遠要讓孩子知道：他是有希望的**。我考進藝專的時候，媽媽跟我說：「我就知道你能讀書，只是你沒有好好讀而已。」**千萬不要放棄孩子，你一定要讓他知道他自己強的地方**。我想這就是陪伴最有價值的。就像我從維也納回來後，回到以前的學校去看老師，老師希望我把我的學習經驗跟學弟學妹分享，最後也肯定我的第一名。雖然沒有在教室的規則裡被肯定，卻在教室外有另外一番發展。

回過頭談美勞教育，很多人問我，我的孩子到底有沒有天分？

我想**「天分」**，**就是就是老「天」給孩子一「分」禮物**。每個孩子都有，差別只是父母把孩子這份禮物藏起來了，還是扔掉了，還是跟孩子一起打開這份禮物，並且欣賞老天給孩子的禮物。

我倒想問大家：

「為什麼要讓孩子畫圖？不會畫圖又會怎麼樣？畫圖的目的在哪裡？」

巷子口就有人在教畫圖，何苦跑到那麼遠的地方，這一定有它的道理在。我們從藝術史裡發現很多藝術家可以活得很老，很堅持，比如，畢卡索活了九十二歲，米羅活了九十歲，聽說許榮哲（就是我）要活到九十八歲（哈）；有小朋友問我，你為什麼不活到一百歲，湊一個整數。我回答，活得太老會很難看，也是一種挫折，我不想要變醜。其實最主要的是，畫圖會讓人快樂，快樂會讓人長壽。快樂會讓人美麗，所以小朋友最近都叫我「許美麗」。

從繪畫中找回自信與力量

一個人會成功，媽媽扮演很重要的角色。我在中學求學的階段沒有誤入歧途，我媽媽在背後扮演了很重要的支持者。高中時雖然學業沒有成就，但是身體練得還不錯，當兵就把軍中當做是繼續鍛鍊身體及毅力的地方。兩年很快過去了，從軍中退伍下來後，我開始認真地思考：我到底要繼續唸書呢，還是去找工作？

畫圖對我來說，是從小就喜歡的事，於是在偶然的機會到了一家室內設計公司學習「室內設計」的課程，也在文化大學修習「廣告設計」，這些都是很實用的課程，又不用入學考試。後來就跟朋友合作，成立了室內裝潢設計工作室；但後來發現自己不是設計本科出身，在設計作品時容易去抄襲別人的作品，覺得很不妥當就毅然結束工作室，重新去畫室學石膏素描。

老天爺要培養一個人會先給他很多挫折，然後再給他力量，就如同孟子說的「天將降大任於斯人也，必先苦其心志，勞其筋骨，餓其體膚，空乏其身，行弗亂其所為，所以動心忍性，增益其所不能」；人家說國立台灣藝專很難考，我卻很僥倖練了三個月的石膏素描就考進去了。這算是我人生重新擁有自信的開始。

我進入藝專之後，學校安排畫的都是石膏像、靜物、人體模特兒、風景寫生，這些都是「視覺性」的東西。所以從藝專畢業後，我發現一件事——我不會畫自己的圖！因為家裡不會有人體模特兒，而我不會再喜歡畫石膏像，靜物也沒什麼了不起，那背個畫架到外面寫生畫山看水，這也還是在用眼睛畫圖；所以我再度陷入藝術的茫然——沒進藝專前，我敢亂畫，我照自己的意思畫，但進入藝術學校「聽老師的話」以後，我卻不再會畫我自己的畫了。

從泰山到許老大

幸好我遇到了一個有趣的機緣，在我成長的年代，有一個「薇薇夫人」的專欄，很有社會影響力。藝專二年級時，我看了她的一篇報導，快樂兒童中心需要一些大哥哥大姊姊協助照顧低收入家庭的孩子，特別需要大哥哥。於是我帶著好奇心去報名，之後才發現，並非我想當義工就能加入他們；快樂兒童中心會做一些測試以了解我的「人格特質」適不適合當義工。後來我才知道，他們本來是不要我的，因為甄選的結果發現我的潛意識裡有些「自卑感」存在，可是他們又覺得我可以幫忙畫海報，只是不要讓我接觸孩子就好。當初我也不知道有這回事，我很高興能畫畫海報，和大哥哥大姊姊在一起唱唱歌開開玩笑也挺快樂的，暑假時就去金山帶兒童夏令營。

在夏令營中，我發現別人很包容我，我不曉得自己為什麼有些地方會跟別人處得不好，別人看我很奇怪，我自己一點感覺都沒有，我想說就說，想做就做，也不在乎別人有什麼反應；但是我觀察到有些大哥大姊在晚上睡覺的時候，會起來幫大家蓋被子，夏令營是大通鋪，所有的人都睡在一起。我媽媽都好久沒有幫我蓋被子了；這真是溫暖的地方。雖然那年暑假，我長了好多痱子，但那是從來都沒有的溫暖感覺。

鄉下的孩子大部分時間都是自己玩，要不就是跟鄰居小孩吵架，其實跟泰山是差不多的，很獨立，放在田裡自己就會長大，父母很少會陪你一起玩；可是在快樂兒童中心，會覺得人跟人之間的關係是非常溫暖，在愛裡面互相祝福。那個暑假回到藝專以後，我竟然被學校選為美術學會的會長，我從快樂兒童中心得到的那份情感開始移轉到學校社團裡，我得到學校老師及同學很大的肯定以及支持；只要放假，他們就要我辦活動帶他們到處玩，結果我油畫又當掉了！可是同學都稱呼我——「許老大」。

在那個暑假，我充分感受到被照顧與被愛的喜樂，我整個人都成熟起來了。當你發現有人在愛你時，你也很願意付出你的愛給別人。尤其在活動完畢時，大哥和大姊會互相寄卡片、互相問候、互相祝福。

我到底要做什麼？

藝專畢業後，我認真思考：我到底要做什麼？當畫家是很遙遠的事情，去學校教書幾乎是不可能的，我雖然是藝專畢業，但空有「技巧」而沒有「教育概念」。現在有教育學程就好多了，在當時我是無法去學校教書的；可是在快樂兒童中心當了五年的義工，我陪著低收入家庭的孩子們做功課，尤其在週末或假日時到社區陪孩子們；從「玩」的過程又引導出一些生活方面的溝通，甚至我們這些大哥哥大姊姊還自組了一個劇團，叫「快樂兒童劇團」。這是受到美國劇團「酒囊飯袋」的影響，發現只要一個紙箱就可以演戲，這些是我們平常帶團康時就在做的活動；後來我們也去雲門學芭蕾。

從自己買書研究做道具，用孩子的生活做劇本，道具穿在身上，我們就到社區敲鑼打鼓、吹喇叭吆喝（我高中時是軍樂隊的），把小朋友都聚集在社區活動中心廣場，塑膠布一鋪，背景搭起來就開演了！不是演白雪公主之類的故事，而是演小朋友的生活，例如：鉛筆盒裡的鉛筆、尺、橡皮擦、三角板、刀片……這些都是角色；孩子會生病、會遲到……這些都是劇情。在這樣的過程裡面，我得到很大的快樂與成就感。其中一位師大音樂系的大姊姊建議我，「你何不出國，出去看一看別人怎麼帶孩子玩？」

2 我的學習經驗：從德國到維也納

就這樣，激起了我「離開台灣就是要再回來台灣」的想法。

我利用兩年的時間努力賺錢，到手套工廠切貨，擺路邊攤；在家裡開畫室，教小朋友畫圖；也到幼兒園兼課；拼拼湊湊地存到新台幣二十萬元。那時一塊美金大約兌換三十九塊台幣，我換到五千塊美金。一九八四年初，我提著行李揹著畫架，脖子掛台照相機就出國了。

歐洲留學第一站：德國西柏林

我第一站申請的是西柏林藝術學院（Hochschule der Kunst in W. Berlin）。第一次出國當然會遇到生活適應的困擾，德國的民族性相當強勢，再加上剛到時我的德文能力還不夠流利到能跟別人溝通，所以一邊唸歌德語文學校，一邊去藝術學院旁聽。住在學生宿舍時，公共廚房只要有人在，我就不敢進去，怕他們跟我講話；後來鼓起勇氣要訓練自己的德文，就去市場買一些中國食物想大方跟他們打招呼，並準備做中國食物分享給大家。他們好奇並且友善地在等待；我熱了油鍋，蒜頭一拍就丟入鍋子，炒兩下，油煙四起，香氣逼人；但我回頭一看，同學全跑光了，只剩下一位從印度來的同學咧著嘴對我微笑；之後只要我在廚房就沒人敢進來。

後來和在維也納學音樂的朋友聯絡上了，復活節時，我便到奧地利找他玩。維也納也是講德文的地方，當地人看起來比較溫和有笑容；當時我在柏林有一段時間

1985年，我在維也納

了，德文比較進入情況。朋友帶我去維也納應用藝術學院（Hochschule für angewandte kunst in Wien）直接找教授溝通。我很感謝其中四位教授——薇瑟莉教授（Maria Wessely）、史特伯教授（Erhard Stöbe）、威策爾教授（Rudolf Wenzl）、岡格爾教授（P. Gangl）。這四位教授對我的哲學生命影響很大。他們聽了我的一些想法：我為什麼要到歐洲這個地方來學習，以及我在台灣做的一些事情。然後他們很慷慨的就在註冊單上簽名，給了我一個正式生學習的位子。就這樣，我進入維也納應用藝術學院就讀，成了他們的學生。

在這裡我必須要強調，我在維也納的學習過程，整個延續下來，跟我回國後的美術教學有很緊密的關係。

維也納教授們給我的人生禮物

新學校開學的第一天，模特兒來了。在台灣讀藝專時我畫過模特兒，所以看到裸體的模特兒並不會不習慣。可是我有點不太理解同學們帶的工具，有人帶鉛筆、有人帶水彩、有人帶油畫，我不曉得我要用什麼工具來畫圖；在台灣的教室門口有

「功課表」，維也納的教室門口只有教授的名字，沒有功課表。我搞不清楚今天要上素描課還是水彩課，總是很擔心弄錯，怕第一天就做錯事情。

我看到每一個人都在用「自己的方式」做「自己的事情」，我就跑去問薇瑟莉教授：「我今天要用什麼東西畫圖？」

她不講話就把我從她的研究室推出去。我想是否我的德文不夠好，她不懂我的意思，又去對她說：「我想跟您學習。」結果她又把我推出去！我的同學看看我，就拉拉我的衣服叫我坐下來畫圖；我有點不太情願地坐下，但很認真地拿起鉛筆開始畫。

下課後，教授滿面笑容地對我說：「你畫得不錯呀！」

我問她：「您剛剛為什麼不理我？」

教授說：「你知道嗎？**你從那麼遠的地方來，如果你連自己要做什麼都不知道的話，你又怎麼知道我能給你什麼東西呢？**」

這句話給了我的人生一個當頭棒喝。

在台灣的孩子已經習慣被安排了，在維也納，我「人生起點」的第一課被點醒了——「如果你連自己要做什麼都不知道的話，你又怎麼知道我能給你什麼東西呢？」

我開始學會了安排自己。第二年的時候，除了繪畫教育外，我再增加念了工藝教育。我修習的「藝術教育」必須跨兩組共修，除了油畫、版畫、水彩、素描、教學實習以外，工藝教育可以做木工、陶土工、金屬工、紙工及編織。另外理論課程包括教育學、哲學、心理學，就到維也納大學（Uni. Wien）修習。

有一天做木工的時候，威策爾教授給了我一塊木頭。我設計好要做桌上型的書架，就用鉛筆在木頭上畫一條線，決定要鋸下的尺寸。

我的教授走過來問我，「**你的鋸子要放在線的右邊、線的左邊還是線的上面？**」

咦！我愣了一下，他笑一笑說，「這關係到你要的尺寸的正確性。」

鉛筆線與鋸片本身都有寬度，鉛筆線至少有0.1公分的寬度，他們要的就是那個德文Genau（精確）的意思。德國的科技能夠精確，這一點很了不起，他們的教育就是要求做到**完全精確**；你要30公分的長度，你鋸子放在線的右邊，鋸出來的長度便只有29.9公分，不是30公分。威策爾教授的要求就是要做到那麼精準。而台灣的習慣是「差不多」，差不多就可以了。

我要做一個可以放在書桌上，而底下有兩個小抽屜的書架，完全不用鐵釘就可自行組合的設計。

教授又問我：「你要把內抽屜先做好，再做抽屜外框？還是把抽屜外框做好，再做內抽屜？」

咦！我又愣了一下，看著他，開始思考這個問題；因為如果完全按照設計圖的尺寸先做外框，那留下做內抽屜的空間尺寸必然要縮小一些才能使用。我完全按照我的設計圖開始做，結果發現我的抽屜有時會拉不開；而且下雨天木頭會膨脹。

我們的第一個反應是，用砂紙把抽屜磨小一點。

可是教授不喜歡我這麼做，他說：「這樣子就不是你原來設計的尺寸。」他希望我，「每天去拉抽屜，讓木頭與木頭之間自然產生它們彼此最適合的距離。」

就像人跟人之間的互動，人跟人之間產生自然的關係，而不是透過權威，去處理這個關係。

這也像**我們跟孩子之間的關係，不要用權威進去，不斷地溝通，不斷地去了解他的需要，不斷地了解自己能做什麼**。

版畫課的啟示：「忘記了」就是要去找新的方法

再來談做「版畫」。藝術學院有大約一百年前歷史的大型印版畫機器，很像鄉下阿嬤在做粿的石磨模樣，印版畫時全身都得用力才有辦法操作。

薇瑟莉教授為我介紹版畫製作的技巧，有銅版腐蝕，刀刻技巧、美柔汀法……等；我就一直在做筆記。她馬上制止我：「**聽就好，不要做筆記。**」

我說：「不寫下來，我會忘記。」

薇瑟莉教授說：「如果你會忘記，就是告訴你要重新去找新的方法。你記得你就用，**忘記了你就去找新的可能**，這樣才有機會創作。」

教授又對我說：「**要從知識及經驗中再去發現新的方法，現在是你要工作，所以要用你的方法，而不是用老師的方法。**」

這些點點滴滴的啟示對我來講，都是非常、非常棒的觀念；教授完全都用「哲學的語言」在指導，而不是用「老師的權威」在指導，這些觀念的啟發後來我都用在我的美術教學裡面。

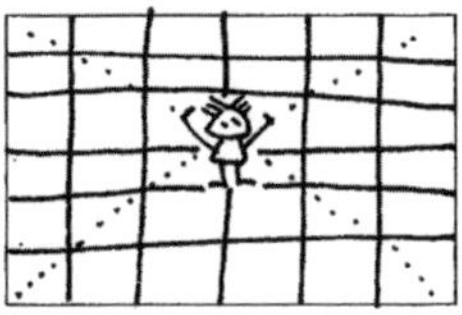

這就好比有一天我帶我小孩去上幼兒園，他的同學馬上跑來跟我說，「許爸爸，你兒子好聰明哦！」我就把他抱起來，說：「你更聰明，你會欣賞別人聰明，表示你更聰明。」所以後來我常常在講「智慧」，什麼叫智慧？智慧如果講得不標準就變成「自會」。你讓孩子自己會，而不是用你的方法他才會，讓孩子自己會，那孩子就有智慧。

現在我們談教育，台灣海峽兩岸之間的關係不清楚，我們真的希望下一代的孩子有非常好的智慧，來解決兩岸的問題，我們從事教育工作的人更應該要覺醒，不應該用權威、用我們自己不太會又不太成熟的東西，一直要加諸在孩子身上。

陶土工課的啟示：所有的東西都是有可能的

有一次上陶土工課，我設計了一個茶壺，要用石膏翻模去複製。在做模子的時候，我怕陶土和石膏會黏在一起，就在石膏模型上先擦一層肥皂水，讓它有一點隔絕陶土沾黏的作用。我後來想一想，「請問教授，用凡士林可不可以？」

陶土工課的老師是岡格爾教授。他回答：「可以呀！」

我又問：「用面霜是不是也可以，像妮維雅那種面霜？」

岡格爾教授說：「也可以呀！」

我又問：「是不是很多方法都可以？」

岡格爾教授說：「對呀！所有的東西都是有可能的。」

我懂了！**所有的東西都是有可能的，不是老師講的方法才是唯一。**

在那樣充滿了啟示的教學環境裡面，每一次與教授對談，我都感觸良深，每一次都讓我自己會，每一次都讓我自己發現。

我強烈的感受到——這才是教育。

3 為什麼選擇回台灣教學？

過去我們非常不清楚「幼兒美勞」是怎麼一回事，反正孩子喜歡就讓他畫。孩子不會畫，大人就畫給他看，包括我自己；出國前，我在幼兒園教美勞。我們總是想教給孩子一些東西，總是想要去教，孩子就變成了不必思考的複製者。教的結果，孩子只會你教給他的那一部分，他自己到底會什麼？好像從來沒有被人家關心過，他自己也從來不會知道。這就像我剛從藝專畢業時，我發現我不會畫自己想要的圖；我不知道我能做什麼事，因為在學校裡，我從來沒有被鼓勵要畫我自己的東西。

出國念書期間，我在維也納及薩爾茲堡開過三次畫展，是我教授推薦我的。在維也納那段時間，我所感受到的是強烈的自我成長——我學會了安排我自己，我發現我自己很棒，我變得很喜歡我自己。

於是當我回來台灣，我站在孩子面前的時候，我也要讓孩子知道：「**你自己是很棒的，你要去喜歡你自己，你要去執行你自己，我們絕對肯定你；除了在危險、不安全的情況下，我們會糾正你，其他的方法都放開。**」在這樣的一個觀念下完全開放。

我本身是學美術的，我對孩子的認識還是得從實務工作中慢慢得到驗證；理論是對的，但未必每個人都有足夠的修養去執行。

尤其文化是不能移植的。

回國的前一天晚上，我去跟我的指導教授話別，談到很晚，後來他開車送我去坐地鐵。

在路上教授跟我說：「許先生，你知道嗎，當初我們給你一個正式生的位子，不是因為你圖畫得多好，而是我們想看看一個東方學生學西畫的情形，我們也想跟你學一點東方的思想。還有一件事情，你一定要記得：**你回台灣的時候，你要把在維也納這邊所學的東西統統忘掉。**」

我很感謝教授跟我說這句話，這時候我不會再猶豫，我眼睛一直盯著他看。我

看到一個牽著我的手的巨人。

我非常明白他為什麼要我忘掉在維也納的學習？忘掉的目的在哪裡？

教授對我說：「**要回去為台灣的孩子重新設計一套適合台灣孩子成長的課程。**」

這才叫做教授（Professor）Ich danke Ihnen für alles！這才是一個被人家尊重，叫做「老師」的人。他引導你的東西是讓你的大智慧都爆發出來，而不是給你一套方法去用，就如莊子說的「給你魚吃不如給你一根釣竿」。

放出去的鳥會找到自己的天空

1988年，Wenzl教授參觀我在維也納的畫展

這樣的觀念常常讓媽媽們覺得很溫馨而有趣；當家長為孩子畫圖的事來到我的工作室，通常會附帶問一句：「我們需要準備些什麼嗎？」我都告訴他們：「**讓孩子準備一個健康的身體，還有快樂的心情就好了。**」準備這樣子就好了。

還有很多家長們擔心孩子將來長大會不會有成就？

我想說的是，人生有很多的轉折點，人生也有許多的機會。爸爸媽媽永遠是孩子的支持者，父母永遠要肯定孩子的存在，你必須永遠給他有機會去使用他自己，他就有機會成為一個有用的人。我們都希望孩子將來做一個有用的人，這有用的人，絕對不是讓他去學音樂、學美術、學自然科學、學英文、學電腦，學很多很多的技巧，他就會變成一個有用的人。剛好相反，而是「準備將來被人家使用的人」。

學很多很多的「技巧」，是準備將來被人家使用的人。

我們如果希望讓孩子做一個有用的人，我們一定要記得這件事，就是讓他們現在就會「使用他自己」。

父母們一定要讓你的孩子在生活裡找到可以使用自己的機會，因為他在學校裡，永遠都在「使用別人的經驗」而已。台灣的教育現在還背離不了「教課本」這種教學模式，國語、算術、社會、自然、音樂、美術、舞蹈……都有學習規則；包括體育課也有規則，裁判鳴槍後，才可以開始跑；打籃球碰到對方的手就算犯規；國語文更不用講，少一點都不對。

不過父母也不用太擔心，人是有智慧的，人性本會自我善。如果父母讓孩子們有機會「為自己訂」遊戲規則，他就會明白「別人也在訂」規則，那麼放在群體裡面，他們就會協調溝通到大家都願意遵守的規則，重點是，他有「參與」他就「不委曲」，也不會亂，除非他缺乏人性。

不合理的遊戲規則來自大人的無知

家長們常常為了牽就「學習成果」而去「強化別人的遊戲規則」是正確的。孩子在寫功課的時候，媽媽在旁邊拿著一個橡皮擦伺候——孩子寫錯或寫壞一個字，媽媽就擦一個，寫一個擦一個，擦到孩子的眼淚都來不及擦乾。所以說「讀書愈讀

愈輸」，「讀冊讀冊愈讀愈氣（台語）」這句話就是這樣引來的。

畫圖也是一樣，國小老師大部分是師院普師科畢業的，不是受專業訓練的美術教育人員，然後什麼課程都要教，反正有標準課本就照著教，於是有體育課的老師來兼任美術課，也有準備要退休的老師沒事情做就兼任美術課。而真正美勞科畢業的老師，卻被安排去當一、二年級的導師，而沒有機會教美勞。

其實**如果父母不會教，就不要教，讓孩子自由發揮，你只要告訴他怎麼使用工具和注意安全就好了**；孩子會用自己的想法做自己的事。老師就給予肯定與鼓勵，但要注意孩子身體與心理的安全。我最擔心的就是，**老師自己外行還要去做不合理的規定，又要打分數**；當孩子和老師的想法不一樣，是屬於「創作性」的作品，跟俗人所了解的「寫實畫法」不一樣的時候，老師就給孩子一句很沉痛的評語：「你亂畫！」我真的碰過這種不懂教育又在學校混的人。

我有一個學生，就讀於台北某一所公立國小五年級。他跟著我畫圖有五年的時間。有一天，他畫了一隻綠色紅斑的老虎。他的老師竟然說：「你畫得很醜。」學生回說：「我覺得這樣很漂亮。」他的老師說：「你頂嘴。」然後一巴掌就打下去了！

這是一個令人非常心痛的事件。我們美術教育講的是真、善、美的精神，孩子竟然會因為說了「我覺得這樣很漂亮」這句話，而被老師打，這是一個很奇怪的現象。

所以我回到台灣便成立了「藝術教育工作室」。我積極在建構一個讓孩子能夠表達自己，也能跟別人合作的發展式教學法。於是我用了四年的時間，觀察三歲到六歲的孩子，共兩千多個孩子，配合五個資深的幼兒園老師，在我的工作室裡面不斷地去實驗；終於研究出「發展式的兒童藝術五段教學法」。

美勞的材料，我們完全取自於台灣現有的材料，也就是說，只要不會臭、不會爛，沒有危險性的東西，統統可以被稱為藝術的材料。我們將這些全都列出來，然後開始用「實驗觀察法」做研究——三歲、四歲、五歲、六歲的孩子，手肌肉發展的特質和限制；孩子們眼睛看東西的視覺角度；孩子們頭腦的思考、創造、邏輯與空間概念；孩子們生活中的認知經驗；孩子們的群性與個人自我控制力發展、情緒表達、道德心與責任感、禮節的教導；孩子們的兩性關係；以及他的家庭組合方式、假日活動的次數與內容；父母對孩子的期望；甚至對孩子的出生過程及嬰兒期的照顧者……我們都進行記錄、分析並與家長對談，來幫助我們對孩子的了解，也幫助家長了解他的孩子。

這些研究有效改善了我們與孩子之間的互動。我們發現這樣做，孩子都玩得很快樂，圖畫得漂不漂亮好像也不是那麼重要了，「好玩」牽動了孩子的信心，家長的肯定增加了我們對教育的堅持。

4 兒童發展來自環境的良性互動

藝術教育工作室的教學內容，涵蓋繪畫與工藝穿插運用；每個材料都能引起孩子不同的大腦與心靈對話，所謂「全腦開發」就是不可只安排某一個單項材料。

教學法是人性發展的觀念，一堂課八十分鐘，分成五個段落來進行，即1.暖身暖腦。2.材料特性介紹。3.自由創作。4.分享。5.清潔、責任與禮貌。

也就是所謂的「發展式的兒童藝術五段教學法」。當然重要的是，整個課程本身的精神——讓孩子從材料接觸中去認識自己、發現自己、喜歡自己，然後勇敢的執行自己，並且會與人合作及分享。

發展式兒童藝術五段教學法的第一段是「暖身暖腦」，也就是先跟孩子玩：你可以變魔術、你可以跟孩子在地上爬、你可以說故事、你可以唱歌、你可以玩任何讓孩子高興的事情；貼心的玩。遊戲規則是，不要傷害自己，也不要干擾別人。

把孩子的情緒帶動起來以後，進行第二段「材料介紹」，也就是讓孩子認識材料的特性。比方紙黏土，我們不會教孩子去做杯子或動物，只會介紹材料的特性，如紙黏土可以搓、揉、摔、打、延展，可以切段、隨興做造形；然後把材料交給孩子。

第三段是「自由創作」，讓孩子自由創作，一百分的尊重。除了不可傷害自己與不可干擾到別人之外，讓孩子用他的方法做他想要做的事；然後播放古典音樂，老師就坐在旁邊休息了；但是老師的眼睛、耳朵是看著孩子的。當孩子有挫折或做不出來時，我們給他一個眼神、一個手勢，請他過來。

讓孩子知道在碰到挫折的時候，一定要去尋找助力，這是我們在課程裡很重要的精神。但是很多學校的老師熱心過度，主動去干涉孩子，這邊要怎樣、那邊要怎樣，這是不禮貌的。不禮貌的事就是不好的事。

接著第四段是「分享」。當孩子說我畫好了，我們就與孩子們做個別分享，而不把孩子的作品擺在前面說這樣漂不漂亮；我們讓孩子自己來說。他想說，我們就聽；他不說，我們尊重他有不說的權利。

第五段是「清潔、責任跟禮貌」。大家要把工作室收拾得乾乾淨淨，工具放回原位，器材交還給原來的教室，並且與老師及小朋友互說謝謝與再見。

這樣五個段落的教學法叫做：「發展式兒童藝術五段教學法」。其實這對一個人最大的啟示是，從材料裡面去認識自己，然後喜歡自己，最後去執行自己。

在執行自己的過程中，我們還可以感受到一件事，當孩子拿到材料時，他一定會去想「我要做什麼」（這便是思考）；想好了就勇敢去做（這就是執行自己）；在做的過程會碰到困難，面對挫折去抵抗挫折，或是跟同學、老師討論，以便發現可用的社會資源（這就是尋找助力）；透過自己努力得到的成就感（這就是真正的成就）。這部分在本書後面，我還會有詳細的說明。

二 藝術教養篇

我有很多的「機緣」——我自己成長過程並不是很順利、我是國立台灣藝專科班訓練出來的、我去過一趟歐洲、我學的是藝術教育而非一般的繪畫科，這些機緣讓我變成很適合來談「美術教育」這個話題。台灣的問題在哪裡？國外好的地方又在哪裡？我本身能思

考，也能表達；我有很好的創造力，也是個惜緣的人；所以當「發展式兒童藝術五段教學法」研究出來以後，我們很高興就勇敢執行。

這些課程的整個架構來自於兒童發展學、色彩學、形態學、藝術美學、藝術材料學、教育學、社會發展心理學、大腦科學、柏拉圖的美育思想、人生哲學等概念，再透過團康遊戲的帶動，形成了上課氣氛是活潑精彩而有趣。老師贏得孩子的尊敬與擁抱的人性化課程，這與一般以「教技巧」為導向的方式不同。我們教孩子從**思考↓執行↓抵抗挫折↓尋找助力↓享受成就**，這個過程其實就是實踐的人生觀。

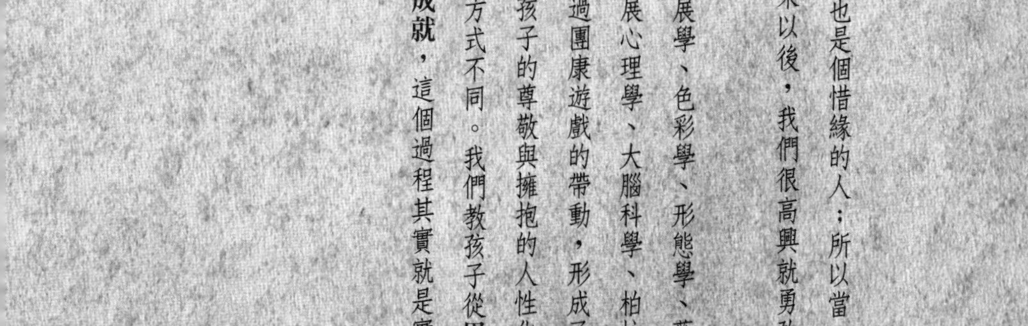

5 畫圖的孩子數學一定要好，塗鴉期整合自我邏輯概念

如果你的孩子很喜歡畫圖，但數學不好的情況，那一定跟指導的方式有絕對關係。我在初中二年級暑假時，大我一歲的堂兄曾訓練過我的數學；他現在是數學老師。抽象派的藝術大師康丁斯基就是從數學走到藝術創作。

繪畫到底跟數學的邏輯有什麼關係？這兩者之間又有什麼因果關係呢？

我先簡單說明，比如我們看到一**張畫**，**有大小**、**前後**、**空間**、**位置**、**對稱**、**形狀**、**次序……等**，**這些概念都是跟數學有關係**，所以畫圖的孩子數學必然要好。如果你的孩子數學不好，爸爸媽媽可能要調整你跟孩子之間的關係；過去的數學都是以「技巧」在解題，於是坊間有心算、功文數學補習班的出現，可是現在新數學強調的是邏輯、推理、判斷、分析、演練。一個喜歡畫圖的孩子天性在邏輯、推理、

思考方面就必須要強，這是先天的體質；如果孩子這方面的能力不強，那是因為後天環境沒有支持他運用這樣的體質。

數學就是哲學

每件事情的發生，我們看到的每一個事實都叫做「果」；那麼這個「果」當然會有一個「因素」才會造成這個結果。在第一章時，我談我的童年趣事，大家可以想像一下，一個鄉下的孩子，在田園、在海邊，他能夠做什麼事情？他真的就是在玩數學的遊戲。

數學是什麼呢？

其實數學的前身就叫哲學。那什麼叫哲學呢？它是可以產生一個智慧和愛的關係；有人愛得很茫然很痛苦，有人愛得很幸福。有人用智慧的方法在生活，可是中間沒有愛，他其實不快樂。有的人雖然有很多的愛，可是他並沒有用智慧去愛，他會愛得很辛苦。當智慧跟愛結合在一起，就會讓人愛得很幸福，愛得很輕鬆。他會用智慧去幫助自己，也會幫助別人，所以**智慧和愛的結合就是哲學。哲學也就是生**

活裡面有愛，愛裡面有智慧的邏輯。

換個說法，**智慧其實就是讓人「自己會」**。

在這種條件下，我們會發現鄉下的孩子在大自然中，自己就會達到哲學的狀況。在海邊，你會發現有許多的機會必須應用到智慧。想想看，你自己在海邊會做什麼？玩沙、踩水，追浪、聽風、看雲……在與大自然一起玩的過程中，你跟一些有生命的東西接觸，比方貓咪、狗狗、植物、昆蟲、魚、鳥……他們彼此之間會產生一定情感的互動。這跟玩樂高積木是不同的，因為定型的玩具只是被你操作的東西，互相不對話；電動遊戲也是一樣的，兩根手指頭不斷地操作，雖然有成就感，但對方跟你沒感覺，它只是任你擺佈的物體。孩子會以為自己很棒，其實在這個棒的過程中，並沒有智慧與愛的因素存在，所以到最後反而會有被機器控制與愚弄的感覺。

是多少與看到什麼

在台大校園內有一條「數學步道」，它就是要讓孩子發現大自然存在的一些定律，這種發現會讓孩子本身慢慢形成一種特殊的思考模式，這裡面數學的存在是必

然的。

我們現在談的數學與過去所談的算術是不一樣的。過去我們學很多的方法，如心算、珠算，幫助孩子在計算速度上更快，更有成就感。但我們發現它太借重技巧與規則，孩子本身不必使用智慧便可以得到答案。例如最簡單的2+3等於多少？我相信大班的孩子都能答出5。答案對了，但只有一個標準答案。

現在我們**將答案反過來變成問題**：變成5有幾種方法？那麼智慧就要出現了。你會發現孩子開始用自己的方法去推演，而不是用拗手指頭來變成一個答案而已。變成5不是只有一個答案而已，只要是能變成5的都對！甚至於在爸爸屁股上拍五下也算對喔！

有時候我會在課程裡跟孩子玩數學的遊戲。我打開手掌，再彎曲兩根手指，如果我問：「現在多少根手指？」小朋友就會答3，厲害一點的小朋友會答2，因為我拗下來的是兩根手指。**不同的角度看到不同的答案**，大概只有這兩種答案而已。

可是我的問法是：**「你看到什麼？」**

那答案可就多了，除了數目字的暗示以外，孩子們還會看到手指變化出來的圖像，或是從圖像延伸出來的不同思考，這時哲學就出現了。所以數學不是只有數字而已，數字跟幾何符號放在一起，便可以把哲學漫長的詞彙做成公式化讓人容易整理。

其實數學應該要將數字、符號還原到哲學的精神；也就等於吃泡麵或香蕉乾一樣，它是被濃縮過的，要再泡到開水裡還原它原來的精神。所以我們談數學一定會談到邏輯、思考、解決問題的能力及「我認為是什麼」的自我中心。

一定要讓自我中心發酵，數學對於人這一輩子才有價值。

圖畫的構圖就是數學

我們回過頭來看孩子畫圖。你給孩子一張白紙，告訴他今天是母親節，請他畫媽咪。有的孩子就畫不出來了，因為他對媽咪的形狀沒有辦法掌握，三、四歲的孩子是沒有辦法對媽媽的形狀有所掌握，但是他有可能拿一隻粉臘筆就刷刷塗塗地畫了，也許還把紙張畫破了。媽媽很沒有成就感，「唉呀！你怎麼把媽咪畫成這樣子！」媽媽在他心目中可能就是這樣子，就是一堆色彩。

很多人在乎的是形狀，孩子在乎的是感覺跟好玩。孩子在乎的是情感，他感覺跟媽媽在一起的感情是濃密分不開的，像色彩一樣是一團的。形狀絕不是問題，媽媽長得漂不漂亮也不重要。沒有孩子嫌媽媽醜的，媽媽醜是爸爸要負責任的，孩子是不會在乎這個問題的，是爸爸比較在乎（哈）。

一張白紙給孩子去操弄，他的智慧就會出現，他開始要思考，我要做什麼？我要在這張紙的右邊、左邊、上面、下面（這些是位置的問題），要畫大圓圈還是小圓圈、要畫線條還是畫三角形、要塗綠色還是紅色（這些是邏輯和次序的空間存在）。

當我們談到數學，會談到邏輯、前後、左右、對稱、對比、大小、次序……這些問題不就都在圖畫構圖的裡面嗎？如果孩子從小喜歡塗鴉，你不刻意指導他照著你的意思去做，孩子本身與生俱有的智慧，就會在圖面上慢慢地去組合成他所要的邏輯。這就是非常棒的哲學及數學歷練。

一般來講，會畫畫的小孩數學沒有不好的道理。我們覺得他數學不好，是看他考回來的成績不理想，所以會擔心，當我們仔細地去討論考卷，他錯的地方常常是不該錯的，其實他都懂，只是他在現場判斷的時候，卻跟老師要求的不一樣。

調整孩子的玩具

其實成績還是大家所關心的，因為它代表學習的成就。我建議家長們把成績當作一種參考，孩子在這張考卷上對每一個問題的分析跟了解能力是在什麼情況？考試的誤寫答案常常是孩子粗心造成，並不是真的不懂。我也常會犯這樣的問題，我明明認同3的答案，可是卻寫成2，這是平常生活管教不確實的問題，而不是數學的問題了。

還有一個情形，父母其實很用心在帶孩子，讓他的生活有很多運用智慧及思考的機會，可是**孩子的成績還是不理想的時候，我建議調整他的玩具。因為如果孩子的玩具都是半成品的材質，還要照完成圖去拼湊。所謂的玩，也只是將電池放進去才會動的，就需要再增加能讓孩子主動操作或自由尋找答案的玩具了。**

讓孩子用自己的方法解決問題

數學的好壞在於老師的引導。如果老師本身不會帶動孩子們去思考，只是強調解題的技巧，這對某些創造力比較好的孩子來說，這種只教「解題技巧」的方式

是不適合他的。孩子沒辦法在這種唯一的方法下，得到自我肯定或者是被肯定，他比較喜歡用自己的方式去找答案，也許他要花比較長的時間去思考，去翻轉他的想法，所以他沒辦法在短時間內在一張考卷紙上得到成就。像這樣的狀況，我就建議父母去學校跟老師談一下。我自己小時候在考試時，當我遇到一個難題，我也常會陷在難題裡找我的樂趣，我會一直在玩，而忘了還有其他的題目還沒寫。

基本上我肯定會畫圖的孩子數學一定要好，不是會好，而是一定要好。兩者的能力會不會好，這跟環境對他的引導是很密切而且重要的。家長們不妨調整一下孩子們的玩具跟平常相處的思考模式。有一些像撲克牌、石頭、還有家裡一些舊的生活器材，包括舊的電扇、腳踏車、鬧鐘、電話、電腦、紙箱……反正有螺絲釘的，有物理結構性的都好，丟也是丟掉，不妨讓孩子拆拆解解，對他的解題一定有幫助。**即使孩子在學校裡面成績不是很理想，大人也不要太小看他，你讓他拆拆解解，他將來離開學校，進入社會，那份好奇心與執著力仍會支持他在社會的成就**。創造力是會跟著他走的。他一定不會陷在困境裡面而出不來，至少不會像有的孩子功課雖然不錯，但是一遇到困境就從高樓跳下來。那種就是不會解題的孩子！**其實藝術教育最高的價值就是，幫助孩子用自己的方法解決問題。**

◆家長提問◆

Q：七個月大的孩子怎樣做適當的刺激，來增加親子互動？

A：六、七個月大的孩子是非常可愛的模樣，對外在環境已經開始有敏感度，你叫他的名字，他會對你微笑。俗話說「七坐、八爬、九發牙」，七個月大的孩子差不多已經能坐了，家長可以扶著他或將他放在娃娃車上，讓他的手接觸不同的材質，冷的、溫的，粗的、細的，亮的、暗的，大的、小的，圓的、方的……這些感覺會儲存在他的大腦記憶體；將來在使用材料時，他的敏感度就比別人強。跟他講話也是一種刺激，或把他抱起來搖一搖，拉拉他的手，拉拉他的腳，唱歌給他聽，也都是很棒的事，多一點親子互動讓他愉快的經驗得到再探索的鼓勵。但是千萬不能給他剪刀之類危險的物品。

Q：孩子四歲了，常常到處亂塗鴉，包括牆壁、床鋪，該制止他嗎？

A：我建議買一個黑板掛在牆上讓他畫，或是在牆壁、陽台等地方貼上全開的畫圖紙，讓他自由地塗鴉，盡量地發展。或者讓他用牙刷、油漆刷沾廣告顏料來塗牆壁畫個過癮，手、腳也都可以畫，弄髒了再清洗就好。四歲是探索慾很強的年齡，家長可盡量地鼓勵孩子，只要注意安全的問題。

Q：之前許老師曾建議在家可以用黑板讓孩子繪畫，但黑板很難買到，而文具店老闆不建議用黑板，因為粉筆灰有礙建康；請教許老師到底要用黑板還是白板？黑板真的比白板好嗎？

A：黑板的好處是，材質的觸覺很踏實。白板要用油性奇異筆才能畫，那種很滑溜的感覺，讓孩子畫圖不好掌握，與黑板有一點澀澀的感覺不太一樣，黑板與粉筆會有摩擦的粗粗感覺。粉筆有許多顏色可以使用；只要買無灰粉筆就可改善筆灰的問題；將廚房用的海綿吸水再擰乾來擦黑板，也可減少筆灰。吊掛高度盡量以孩子能使用的高度，吊掛也要牢固，以免掉下來打到人。如果買不到黑板，就上網google關鍵字「黑板」，我相信很容易就能買到。

6 畫畫課裡的人生哲學，畫圖的孩子人生路上不容易被打敗

每個人本來就被允許在社會中用不同的方式求生存，這是基本原則。只是在生存的過程中難免會覺得自己不快樂，也難免會造成別人的不快樂，因為在人的社會裡難免有跨越思考的情況出現。我在跟我太太討論結婚的時候，我對她說：「我們生活在一起以後，第一，不要傷害自己。第二，不要干擾別人。」這是遊戲規則，其他的「一百分放開自己」。也就是說你不要讓自己難過，也不要讓自己委屈，想辦法讓自己快樂起來就是不要傷害自己，再來不要干擾別人。很多人說，結婚以後就失去了自由，沒有了自己。我想這對任何人來說都是不公平的，先生也不愛聽太太講這麼委屈的話，太太也不該讓自己有這樣的感覺；所以，在不干擾別人的情況下，盡其在我。

不要傷害自己，不要干擾別人

這個想法反射回來，用在畫圖上也是一樣。我們不要讓孩子在繪畫的過程中有機會傷害自己，包括身體明顯的傷害及心理不自覺地被傷害。例如，他不會畫，你硬要他畫；或是他畫好了，你說他畫得好醜，他就會覺得難過及委屈。當然也不要讓他傷害自己，包括來自材料本身的傷害。譬如，顏料拿來吃、刀片及剪刀等工具使用的安全問題。

第二，不要干擾別人。在同一個教室一起畫圖的孩子彼此會有交流和互動，可是有些孩子坐不住就會影響別人。老師在教室裡面大致維持這二件事情就好了，其他的可以放開一些。我曾和我們工作室的老師說過，我們是共同修了十年才可以同船渡（我們曾一起坐同一輛車子出去玩，這叫同船渡）。我跟我太太是共同修了一百年，才修得共枕眠；我們再一起修下去，就可以到佛祖旁邊，一個當金童一個當玉女。為了孩子，我們就一起修一修吧！

孩子到底需不需要學美術？

接下來我們要談的主題是，怎樣讓孩子去學美術、為什麼要去學、不學又會怎麼樣？

常有媽媽在跟我聊天時，說：「許老師，我知道孩子來你這裡畫圖很好，但是他爸爸說不用啦，他小時候也沒有學這些東西，還不是照樣在當經理做董事長。」

但就我知道的情形，現在很多的社會領袖、企業界重量級的人，他們都很關心藝術；前總統李登輝常常去了解、欣賞及關心藝術，還有奇美公司的董事長許文龍先生，他個人以他的企業雄厚資本財力蒐集了很多的藝術品，還建立了奇美博物館與別人分享這些藝術品。

我相信關心藝術的人和不關心藝術的人，基本上他的生活態度及自己對社會的使命感是有所區別的。歐洲很多比較先進的國家用藝術帶動整個社會，所以人的生活變得和諧與幸福。而台灣的社會氛圍顯得心浮氣躁，其實該檢討的是我們對藝術的態度。

我成長的年代，從事藝術工作的人是不被鼓勵，包括我小時候爸爸媽媽也沒有鼓勵我去考藝專，是我自己瞎摸瞎撞，自己堅持下來的。**畫圖的孩子就像深埋在泥土裡面的一顆寶石，時間到了，他自己就會撥開泥土露出光芒**；你只要給他機會。

家長又會問了：是不是要找一位老師來教，他才會成為一個藝術家呢？好像也不是這個樣子；打開藝術史，那麼多的藝術家，比如畢卡索、米羅，他們都不是被訓練出來的。畢卡索的父親是美術老師，在那樣的環境被鼓勵是必然的。但米羅不一樣，米羅的媽媽是不鼓勵他畫圖的；就像我們從小只被鼓勵讀書最好，只要把書讀好就什麼事情都可以不用管。後來有一次米羅生病了，吃藥都吃不好，心情不快樂，媽媽就問他，怎樣他才會快樂。他說他要畫圖。一畫圖，米羅的病就好了，藥都不用吃了。之後米羅媽媽就不再阻止他畫圖了。

這就是心情的關係。我在維也納唸書的時候經常會胃痛，大概是咖啡喝太多了，可是一畫圖就好了，全部的精神投注在圖畫上會忘記所有的不快樂及病痛，也可以不吃不喝不睡覺，但是畫完圖之後那段時間會很累，很想喝咖啡、抽煙、談戀愛。

我不會畫自己像要的圖

我們回到孩子到底需不需要學美術，不學又會怎樣？首先要對「美術」這個字做清楚的了解，不要嚴肅的定位在畫得像不像，要貼在牆壁上啦！要得獎啦！這樣的表演性質會很辛苦。當然也有人說美術就是美的技術，談到技術就覺得嚴肅了，好像一定需要有人指導。

在我的學習過程中，小時候在鄉下的海邊自己玩；小學參加比賽時有被老師指導過，但是後來發現「我只會畫老師規定的東西」，其他的我都不會畫。進入藝專開始接觸石膏像、人體模特兒、靜物、寫生；藝專畢業以後發現「我也不再會畫自己想要的圖」，因為除了學校教的這些呆呆的、不會動的東西，其他的我也不知道還有什麼可以畫。

到了歐洲，我才發現別人怎麼什麼題材都能入畫，可以入畫的對象那麼多——人物、動物、植物、風景、靜物、想像的、邏輯組合的、宇宙概念的、自我探索的、哲學思考的、宗教倫理的、物理性的、化學性的、光學原理的……等等。任何東西都可以拿來畫，任何東西也都可以拿來做作品，布類、木材、金屬、紙張、石膏、石頭、陶土、電器用品、日常用品、建築物、大自然、甚至人體……等等。就像我們有個形態學（Mophologie）的課，老師給了一個題目叫做「白色」。

白色是沒有顏色嗎？

你要用白色畫圖嗎？

你要交一張白紙就好嗎？

老師就是要同學去想辦法處理這個問題。就像有一個笑話，小朋友在繪畫課時，交了一張白紙給老師。老師：「咦！你怎麼都沒有畫圖啊！」

「有啊！畫了一條魚。」

老師：「魚呢？」

「被貓吃了。」

「那貓呢？」

「貓吃完魚就跑掉了！」

這似乎很有創意，但**「創作」是要你會思考，也要有具體的作品表現**；你需要先跟自己定位「觀念」，你認為「白色」是什麼？然後再去找所有可能表現你觀念的材料，把你認為是「白色的觀念」具體的做出來。很難喔！因為很難，所以才有機會用到你的「智慧」與「自會」。

在這邊我想要跟所有的家長分享：一個孩子該不該去「學」畫圖？

在我的經驗裡面，「學」這個字，會讓我們受到很多的挫折與限制，因我們

對「學習」這兩個字，都定位在「被人指導」，它一定有牽涉到指導者與被指導的方式，也就是老師人格特質的問題。中國有一句非常棒的話就是「師無法」，學習是可以沒有固定方法的；**「無法」並不是沒有方法，而是萬般皆法；那麼大自然其實就是我們最好的老師。我要畫蝴蝶，我請蝴蝶當我的老師；我要畫山，我就以山為師；我要畫水，即以水為師；我要畫橘子，橘子就是我的老師；我要畫模特兒，模特兒就是我的老師，她引導我進入美學的領域**。我們應該要有尊敬的心，尊敬所有可以跟我們溝通，可以引導我們快樂的對象，而不是只有以「人」為師。人本身的經驗是有限的，人常常用他的經驗去影響別人，所以那個別人常被引導者框在他人的舊經驗裡面；想要跳脫他人的舊經驗，除非你的智慧比他高，否則你沒有機會使用自己的潛能。最後你學了很多別人的架式，你卻發現這些技巧、經驗都不適合你。這就好比你要從別人的衣櫃裡，找到適合你穿的衣服一樣難，最合身的衣服原來是在自己的衣櫃裡。

不學畫圖又會怎樣？

不去跟老師學畫圖又會怎樣，孩子就是不想學畫圖，又會怎麼樣？我們一直

在這個題目繞；我先澄清一個觀念，你自己就會知道該不該去學了。從原始社會的遺跡，我們看到很多瓶瓶罐罐被遺留了下來，存放在博物館裡面的都稱是藝術品。可是在早期沒有人說，在那個部落裡有個藝術家，這些器物只是他們的生活必需品及工具。要喝水，他一定要拿個東西去裝水，兩隻手捧起也可以裝水，可是會有漏縫。他們發現用泥土做成像碗這樣的東西可以裝水；他們發現泥土在火裡面烤一烤會變硬，不會被水溶解掉；他們發現這個裝水的東西，放在泥沙上跟放在石頭上它的穩定性又不一樣；他們發現在這個裝水的東西外表塗上一些不一樣的顏色或刻上一些圖案，看起來就更漂亮。有的人做這些事做得很好，而有的人打獵打得很好，他們學會了用一個壺換一塊肉，就是所謂的「以物易物」，然後慢慢建立出分工的想法，讓專業的人做專業的事。

這些東西從生活用品慢慢加上了裝飾，裝飾的器物後來變成一個歌功頌德的工具、諂媚部落裡的酋長或用在帝王及宗教祭典上，它開始代表人的身分與地位的象徵。在十七、十八世紀巴洛可和洛可可的時代裡，這些繪畫、工藝品及建築風格達到相當精緻的程度。一直到法國大革命以後君主思想被打破，印象派的畫家勇敢衝撞官方傳統的色彩，人們開始尋找自我表達的機會。他們相信真理同時與藝術並

存，藝術不再是為某人需要而設計的。相對的，藝術鼓勵人勇敢去追求自己的感覺與智慧，這是二十世紀的藝術語言。

我們發現在這樣的前提下，大概十八世紀以後，人類開始從教會專門的學校去設計教育課程，而有經驗性的傳承；「師」與「徒」的關係就變得很重要了。老師的觀念會一直影響他的弟子，這種影響是我們文明在進步還是在退後？我們再把它拉回來到現在孩子的問題，孩子在學校裡面學習國語、算數、音樂、常識、地理、歷史、社會等課程有共同的課本，這是方便老師們教學，讓學生有共同的知識，相同的進度，一樣的測驗卷；但是用這種模型來強制要求每一個都不一樣的孩子，去接受老師的方便，這個方便的同時也窄化了老師的智慧，是教學上很大的限制。尤其對孩子的智慧更是一種挫傷，孩子沒有機會在標準課本上把他的智慧延伸出來。

因為制度化、課本化、標準化的課程，再加上統一命題的考試，所以很難有老師肯跨越課本裡面的知識去活化教學。這樣就很容易把美術、體育、音樂這些好玩的課程制式化，標準化了。因為你要考藝術學校、考美術資優班，所以你不可以運用你的智慧、感情去做創作，而是要交出被老師喜歡的作品。體育因為有比賽，有第一名、第二名，所以你也必須按照遊戲規定的方法來玩，一定要等到鳴槍才能起跑，打籃球碰到對方的手就是犯規；所以大家必須要很謹慎小心地把自己控制在大環境裡面，環境需要我做什麼我才能做什麼，完全背叛了創造力的原則。

「人的社會」裡若不允許個人發展創造力，那麼在一個「共同的標準」下，就會有很多人「不被尊重」；這些不被尊重的人常常就是社會的亂源。其實他並不是要造反，他只是要找到一個出處，他要證明他也是人，他想要表現出他是一個有用的人。他要使用他的智慧，如果社會不給他一個管道、一個空間，那他就會造反。所以我們可以看到一個家裡，有的孩子很乖，完全按照父母的安排，好好讀書，然後唸大學、碩士、博士、結婚生子、順利找一份生存的工作，人生就這樣在循環。

但卻有一部分的孩子不是父母能夠安排的，他的確是要在自己的智慧及創造力上一直探索我是誰（Who am I）。如果有合適的環境能讓他證明，我存在是有價值的，譬如：跑得很快的人，他在教室內坐不住，如果他能在運動場上（賽跑）得到肯定，那就是能為校爭光的人；在上課喜歡聊天吵吵鬧鬧的人，將來就像節目主持人一樣傳達美麗的訊息，或是去當老師、當牧師在人間傳福音；愛講話的人也可當立法委員為民喉舌；還有很好動的孩子，喜歡東敲敲西摸摸的，常把東西拆解看個究竟的，把自己的身上弄得髒兮兮的，那大概就是藝術家、科學家啦！

這些不乖的孩子長大後常扮演著社會的領袖，他們是先知先覺者。我們今天卻把一個先知當做會破壞社會的人。耶穌當年的處境也是如此，耶穌是個先知，可是在羅馬帝國的時代他就是一個背叛者，等到他的觀念被了解以後，卻影響了全世界。我們身邊也有這樣很讓人頭痛的孩子，媽媽為他講不聽而難過，我們盡量動之以情，不要對他生氣，好好地跟他說；孩子聽了也很感動，他也答應說：「好，我一定會改好。」可是你發現同樣的事情明天又出現了，父母當然會很難過；可是以我的角度來看，我發現我的孩子創造力源源不絕，沒有枯乾的時候，就只能不斷地提醒、不斷地體諒他，因為他正是屬於「創造性」這一類的孩子。

我先前講過，有創造力的孩子很容易傷害自己，也很容易干擾別人，因為他不自覺就會控制不住自己——蘊藏在他身體裡面的能量隨時都會出現，喊啊！跳啊！叫啊！很吵！其實音樂家、聲樂家、演說家不就是這樣嗎？有的孩子是透過雙手去玩這個、弄那個，把這個弄壞，把那個打翻，弄得人家很煩；這是藝術家。有的孩子坐不住，上課動來動去，體能非常好（過動兒或感覺統合失調者應接受專業治療者除外），有可能是運動家。我們為什麼不來培養這樣的孩子去發展他教室外面的另一項特質呢！

如果你的孩子偏偏就是不喜歡畫，你硬要他畫，或者你還要規定他怎麼畫與畫什麼，這對孩子的影響就比較大。這影響來自他人格化的特質，還有家庭環境給他的刺激夠不夠的問題；也就是說你的孩子不敢畫圖、不會畫圖，可以讓我們再想一想，孩子長時間跟在我們身邊，我們到底提供給孩子怎樣一個發展空間？

◆家長提問◆

Q：我的小朋友是幼兒園小班，他畫媽媽總是畫得很不像，怎麼辦？例如，我請他畫媽媽的樣子，我是長臉，他就畫一個很圓的圓臉；我的頭髮是直的，他畫蓬蓬頭；我要糾正他，還是任由他隨便畫？

A：這位媽媽很有趣，小班的孩子畫媽媽，把她畫成跟媽媽不一樣的臉；只要母親節一到，很多美術班老師都會出「媽媽」的題目，要三歲的孩子畫出具象的東西，當然是強人所難；於是有些老師就乾脆畫一個媽媽在黑板上給孩子抄，結果畫出來的，既不是老師的媽媽，也不是孩子自己的媽媽；她只是一個刻板圖像的符號，大家都以為媽媽應該就是福相的：有圓圓的臉、大大的眼睛、大大

的嘴，豐滿的身材和蘿蔔腿。如果孩子告訴妳，這是媽媽，妳就心領孩子的心意，心意比形狀要有意思。等到孩子大班時，再去引導他觀察人物、動物、植物的特徵，要把東西畫得像，一定要仔細觀察物像的特徵。

Q：怎樣引導小學三年級孩子繪畫的潛能？

A：小學三年級的孩子很在乎同儕之間的關係，繪畫的潛能是透過刺激。所謂的潛能就是孩子先天已具備的能量；透過後天環境的刺激，可以讓這個能量發揮最大的效用；而不是一直教技巧，也不是一直給方法。所以我們可從日常生活裡去激發孩子的創造力，從食、衣、住、行上去著手，去引導。不要遵從墨守成規的教養方式，做一些逆向的思考對繪畫潛能是有幫助的發展。

Q：孩子畫的圖都是抄襲卡通圖案，要怎樣激發他的創造力表現？

A：抄襲卡通圖形，這也是一種遊戲，但它不是創造力。縱使抄得很像也只代表他記憶力不錯，不必特別驚奇或以為是天才，一樣當做遊戲就好；但並不鼓勵他永遠一直照著抄。提醒孩子自己發明，比如人家是「蠟筆小新」，我們就畫「原子筆小新」！

7 幼兒畫的視界

幼兒畫圖沒有比例與立體感

很多媽媽對我說，「許老師，你說幫助孩子學會適應環境是有必要的。但是像我以前都沒有學過繪畫，我也不懂什麼光線明暗、比例大小等，所以畫起來都不像，我不希望孩子跟我一樣畫出來的東西都不像，又沒有立體感，怎麼辦？」

針對這一點，我稍微談一下，其實有很多人跟我談過這個問題：孩子畫圖都沒有比例。

我問：「你的孩子有多大？」

「四歲了。」

在這裡，我希望家長們都要知道，只要牽涉到形狀的問題都離不開「眼睛的

判斷」。我想大家都有讀過「瞎子摸象」的故事，盲者看不到東西，而是用摸的判斷；這就不是形狀，而是一個感覺的想像。摸大象時，有的人說像一面「牆壁」，有的人說像「柱子」，有的人說像「水管」，這些都不是形狀，而是感覺的想像。所以對視覺發展尚不完整的三、**四歲孩子來說，他的世界是屬於感覺統合期，而非視覺經驗，所以不必在乎比例的問題**。

胎兒成熟時離開子宮進入產道，來到人的世界；有些孩子的眼睛是還沒張開的，有些卻會張開眼看看媽咪長得漂不漂亮？有些會睜一隻眼、閉一隻眼，看這世界怎麼那麼吵呢！慢慢地你會發現孩子對眼前的東西開始產生好奇，他會去追尋；你慢慢地引導，他的手、他的腳會伸出來要抓你給他的東西。他的手是眼睛帶進來的動作。出生後滿月前的孩子，手不會伸出來抓東西，但是他的眼睛卻開始會搜尋，你發出聲音，他就會有反應；你把電燈打開、關掉，他會開始用眼睛去找哪邊發亮。

家長還要記得，幫嬰兒期的孩子拍照時，不要用鎂光燈。因為他的視覺神經還在發育，還沒有到達比較穩定的狀態。用鎂光燈替嬰兒拍照，對他的眼睛是太強烈的刺激，而且照片效果不好。現在有很多孩子弱視，到底跟這個有沒有關係，學術尚無定論，但盡量能避免就避開。我建議在有陽光的日子，將全身紅統統的嬰孩放在窗邊，用自然光照出來的孩子都非常漂亮。順便提醒家長，千萬不要把小孩放在黑色沙發上面拍照，背景會反黑色光在孩子身上，看起來慘慘的。將孩子放在粉紅色或米色的床單或棉被，在溫暖的色彩中，孩子照出來的相片都會非常漂亮。取景時也要注意全身的完整，不要斷手斷腳的，或旁邊有雜物。連續拍出自然的表情或動作，再來挑選，不要每張都呆呆地端坐或比出兩隻手指頭，還要喊「YA」！

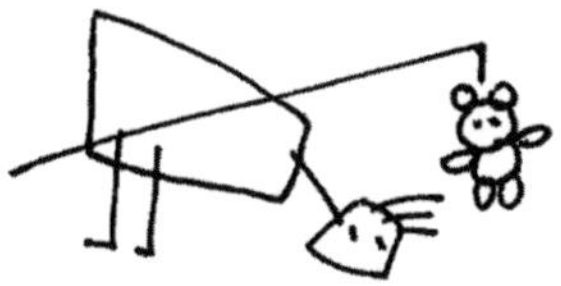

幼兒的視覺，有色彩而且是平面的

孩子的視覺是透過時間慢慢在發育。有的人說夢是沒有色彩，我不相信，我確定我作的夢有顏色。有人說，三歲以前的孩子看東西是黑白的，我也不相信；因為我女兒二歲就會告訴我：這是BLUE，這是RED，這是YELLOW，她能非常清楚的分辨色彩。以我的經驗，我相信**孩子的世界是有色彩的，但就圖像的辨識，它是平面並沒有立體的感覺**。

對幼兒來說，任何東西都只是平面的。所以我們會發現中、小班的孩子常常找不到東西，明明就在桌子下面，可是他不會去找，或告訴你他找不到；因為地面空間與桌面空間並不是同一平面。只要不是與孩子視覺同一平面的空間，他就很難有視覺空間轉換的邏輯。所以有階梯的地面，孩子也看成平面，他就常會絆倒。這也是數學的發展概念。**這個階段的幼兒，跟他講話時只能一次講一件事情，他才有理解的可能，也就是一次能傳達一個邏輯，他才會明白你在說什麼。大概要等到大班的年紀，孩子才會有立體感的感覺。**

幼兒的仰角視界，比例壓縮

再來孩子的高度都在一百公分左右，我們大人身高至少有一百五十公分之上；幼兒的世界都是仰角世界，你的頭不大才奇怪，他看你的鼻孔也是非常大的，他看到的人除了兩個眼睛就只有你的鼻孔了。有的孩子從不畫媽媽的耳朵，因為媽媽的耳朵都包在頭髮裡面；從仰角來看，耳朵整個是縮小的、鼻孔卻是放大的。

孩子到了三、四歲，他從塗鴉慢慢地會畫圓圈圈，也會有眼睛，甚至有二條腿長出來；我們稱為「蝌蚪期」，就是頭很大伸出兩條線的畫。蝌蚪期以後，你慢慢

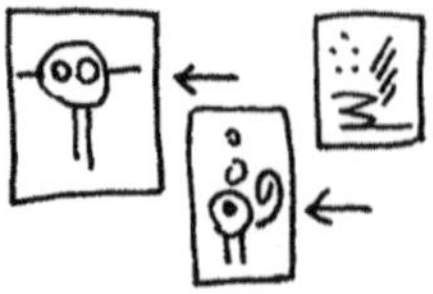

發現他的畫會長出二隻手，二隻手是從臉、鼻子旁邊長出來的；仰角看大人就是這個圖像，孩子對比例還沒有概念。

家長們可以試著躺在地上，仰看一個站立的人，他的肩膀就在頭的位置。這是因為距離壓縮。所以各位大人，請不要用大人的世界，來看孩子的世界，以及評量孩子的仰角視界，是不公平的。

碗糕嘛是粿，支持孩子的塗鴉

有媽媽看了孩子的畫說：「這是什麼東西呀？怎麼像怪物，手長到頭上面去了。」我們常常看不懂孩子的畫就說「你到底在畫什麼碗糕（台語）」，所以我寫了一篇文章叫做「碗糕嘛是粿（台語）」。你知道嗎，其實碗糕也是粿，不是甜粿、菜頭粿才是粿。**孩子的圖畫世界沒有所謂比例的問題，用支持用欣賞的態度去看他的快樂與認真，就是對他最好的鼓勵。**

我們看日本卡通漫畫中，比如蠟筆小新，頭那麼大，手與腳卻那麼小，你還是覺得他很可愛啊！還有少女漫畫中的眼睛都大大的，如果人的眼睛那麼大，不是很恐怖嗎？所以不可以用比例去看孩子的圖畫，那是沒道理的。

◆家長提問◆

Q：要怎樣培養孩子的塗色能力？

A：如果希望孩子的顏色塗得好，這一點跟父母平常對孩子的管教方式有關係，因為塗色習慣與生活態度有關。一個講道理的孩子、一個願意跟別人合作的孩子、一個做事情很清楚的孩子、一個會整理自己生活起居的孩子，跟玩具亂丟、東西書包都不收、房間亂七八糟的孩子，在塗顏色的工整性是不一樣的。我相信如果父母自己做事情時沒有次序性，東西也亂擺的情形，與孩子處理生活的態度及繪圖時的態度也會有關係；在我的經驗裡，這是有相當大的影響。大人做事情是隨便的，孩子畫圖也是隨隨便便的。平常大人若有教導孩子把事情做好，孩子就有能力及習慣把事情處理好。這一點供大家做參考。

Q：我的孩子二、三歲，想請問許老師塗色的問題，是要給孩子兩三個顏色就好呢？還是多一點？還是買著色本讓孩子練習塗色？

A：在一般幼兒園，老師常常會拿「著色本」給孩子畫，這是非常普遍的情形。其實幼兒園的老師是最適合的幼兒美勞老師，但是由於他們對美術材料的運用不

熟悉、缺乏經驗都不敢教；所以大部分幼兒園都請外面美術系或美工科畢業的學生來教，這些人又偏偏對幼兒教育沒有概念，他能執行給孩子的就是材料的使用技巧。

使用材料時，又有些幼兒園的經費預算有限，不能給孩子一人一盒蠟筆，常常是拿一桶粉蠟筆，讓十幾個孩子一起使用。而著色本是很容易買到的，也有經銷商在促銷，對孩子也有直接的成就感。我的建議是，如同吃麥當勞一樣，每天三餐吃是不健康的，偶而吃一下無妨啊！有人為了要讓家長接受著色本，居然跟家長說著色本可以訓練孩子的手眼協調。以我的角度來看，這反而是眼睛限制手的發展，因為在塗色時不能超出那個框框。藝術就是要激發創造力，就是要打破框框。在別人設定的框架範圍裡面，勉強限制孩子手的動作，這樣是絕對達不到手眼協調的。

但是我也不否定著色本是一個遊戲。一學期讓孩子玩一、兩次無妨，但是每天、每個禮拜，都拿一張印好圖案的紙給孩子塗顏色，這是絕對做不了創造力的美術活動。

Q：要如何讓孩子學會自己調配色彩？

A：關於色彩的使用，前面已經提過，孩子的視覺神經發展是透過時間慢慢在演化的。藝術的三原色是紅、黃、藍，所以我通常就只給小班的孩子，紅、黃、藍三個顏色。其實兩個原色互相調一下，就可以變出很多的顏色。所以只要**給小班的孩子，水彩的紅、黃、藍三色就可以了；或是十二色的彩色筆、粉蠟筆，**但要選擇沒有香味及螢光劑的。**不要買一大盒有五六十色，顏色很多又很方便的情況下，會造成孩子濫用顏色而自己不會調色，**最後對顏色沒有感覺。很多產品只是為了要賣錢促銷而已，千萬不要把廣告促銷的口號，當作教育的目標，這是我要提醒的。廠商常以某某名人的介紹做宣傳，我相信那些名人的童年一定不是玩這套東西才變成名人的。

在我的教學法裡有一個觀念就是，**部分的限制可以帶動另外一種開創。你只給孩子紅、黃、藍三個顏色，**他要畫人，沒有皮膚色時，怎麼辦？這就是創造新顏色的開始了。皮膚也不是只有一種膚色而已，像我們的皮膚叫黃種人，還有黑的、白的、紅的、咖啡的。三原色是給孩子用色的開始。

到了**中班的孩子，除了紅、黃、藍以外，還可以開放橘色跟綠色；**這兩種顏色叫二次色，就是經過兩個原色相混過而產生出來的顏色。

孩子到了**大班，再開放咖啡色與白色。**咖啡色是三次色（黃、黑、紅的混色），白色可以調亮暗。

在大班以前，我都沒有推薦黑色，是因為黑色容易把畫面弄髒。其實孩子無所謂，但是大人很在乎。所以我跟孩子在擠水彩顏色的時候，黑色不直接擠。但是如果孩子要使用，可以不可以給？當然可以。

小學一年級以後，我建議先用「紅、黃、藍、黑、白」五個顏色，去調出所有的顏色。其他的顏色就尊重孩子，可以讓他自己調，也可以再擠。

基本上我建議父母，**顏料只要買十二色的給孩子就可以了；不管是水彩或是粉臘筆，十二個顏色絕對夠。**畢卡索在使用顏色，也沒有超過五個顏色。

8 兒童畫的欣賞與鼓勵，畫得快樂比畫得漂亮好

孩子畫得怎麼樣，畫得好不好，他畫完了以後，我們又該怎麼跟他回應？我發現一般大人對兒童畫的圖都是這樣說：

這個天空要不要塗藍色啊？
樹上要不要加一隻鳥啊？
房子上面是不是要開個窗戶？
天空要不要畫下雨啊？

從剛剛的描述，可以了解好像每一個孩子差不多都被大人這樣指導，在學校公佈欄上貼的老師認可的作品，也幾乎都是這樣——三角形的屋頂、四方形的牆壁、田字形的窗戶、圓圈圈的雲，雲上面還要有一個☺的笑臉；天空上還要有麥當勞符號（M）的鳥，還有像麥克風的樹……等等。這是一種樣板，很多兒童圖畫書的插畫也是這樣。

我常常跟孩子聊天說，「別人吃過的口香糖，你還吃嗎？」孩子馬上就明白我要表達什麼。

我曾看過台北市某一個國小美勞資優班的畢業畫展，還有某一個國中美術資優班的畢業畫展。我以前是不鼓勵人家考美術資優班的，看了以後，媽媽們，是不是可以猜到我的答案？是的，我覺得很遺憾。

學校提供給孩子的那種學習方式，我們很難觸及到創造力和人格發展這兩件事。那麼優秀的孩子，有那麼好描寫能力的孩子，掛著「美術資優」的榮銜充其量只是不斷地被技巧、技巧、技巧限制他的思考。展覽出的作品中甚至有抄襲圖片的；比方我看到有一張是「聖母抱聖子圖」，老師把圖片拿來讓孩子用鉛筆來描，然後再畫一次；另外也有將畢卡索的作品再抄襲一次。看起來好像技巧很好，但事實上這是對孩子不禮貌的教法，對欣賞者羞辱的展出。

將臨摹的作品拿來當作畢業展，不是很妥當。我最想看到的畢業展作品是，孩子經過學校培養以後，他們的智慧增長了多少，他的創造力是否被鼓勵提出來跟大家分享。美術資優孩子的創作是否透過畫展，給一般被認為不資優的孩子參考或欣賞；我想這是我們關心的。可是事實上好像不是這樣子，資優的孩子被不資優的指導人員，像馬戲團訓練小丑一般地重覆做一些令人好笑、驚嘆的技巧動作而已。

其實，國小美術資優班畫的那些內容，到國中以後也一樣在畫這些東西。我發現很多高中的美術班也在畫這些東西——就是靜物、瓶子、罐子、蔬菜、花、水果、人像，或校園某個角落的寫生，還有抄襲一些作品。很有天分的孩子們，透過這樣的「樣板學習模式」，的確只有「遺憾」兩個字！很多外銷的風景畫，畫得很像很漂亮，那些就是標準的「抄照片」。我一位藝專的學長畢業後就是找到這樣的工作，重覆且大量的製作提供給貿易商。

我前面講過，藝術家是上帝身邊的天使，他是社會的先知先覺者，他是引導國家更祥和美麗很重要的國家智慧才。可是透過這樣的教育模式是沒有機會的，這是一個損失。國家或企業領袖若不懂得與藝術做朋友，其領導品質必也問題多多。

用故事引導孩子

我的發展式兒童藝術五段教學法是用故事引導孩子。

一個人講故事，三十個人跟著畫同一個故事，這就是標準的「引導」；一個人引三十個人一起倒下來，這不是一個好的方法。

但由一個人來談他的故事，讓孩子去思考，讓每一個人發展出自己的故事；孩子們可以畫自己的故事。而不是畫老師說的那個故事。像每年的母親節快到了，就有很多孩子要開始畫媽媽，可是很多時候老師為了要讓孩子「會」畫媽媽，他就在黑板上畫了一個媽媽的樣子——捲捲的頭髮，大大的眼睛，微笑的嘴巴。然後，所有人的媽媽都長成一個樣子了！既不是老師的媽媽，也不是孩子的媽媽，還要叫孩子抄黑板上的人說那是媽媽；雖然抄得很像，你要這種虛偽的成就嗎？

面對這樣問題，我在跟幼兒園老師做美勞師資培訓的時候，會要老師宣誓：**「當我站在孩子面前的時候，我要用我的心，去貼近孩子的心。我要用我的智慧，去引導孩子的智慧。我要用我的愛，讓孩子知道怎麼愛。」**

這三件事情一定要做的很清楚，用你的智慧去引導孩子的智慧；而不是用我們的智慧讓孩子變成沒有智慧。這是很重要的觀念，這觀念能弄清楚，我們才知道怎樣站在孩子的面前，我們才知道我們為什麼要站在孩子的面前，要讓孩子頭腦開始去思考自己的故事。就像前面說過在維也納的最後一晚，我教授要我忘掉「在維也納的學習」就是這個道理。

家長該怎麼欣賞孩子的畫呢？

孩子喜歡畫，也敢畫，也會畫，畫完了怎麼辦？一般孩子畫完了以後，通常都很高興，會拿來給爸爸媽媽看，有時候大人會說：「我在看報紙，可不可以等一下再說！」或「你煩不煩啊！畫完就收好嘛，吵什麼吵。」

當大人正在忙的時候，孩子們玩得很高興，畫完以後他也不知道這時候是不是可以跟你分享，他就來拉拉爸爸的手，拉拉媽媽的裙子，非要你們看他畫的圖；我們知道要鼓勵孩子，但鼓勵也不要一味的鼓勵，一味的鼓勵會變成愚昧的鼓勵。

孩子畫完作品，當他想拿給你看的時候，我希望大家能很高興地接過來，**認真地看，誠懇地看**，哪怕只有一分鐘，對孩子都是很重要的。

通常我們會**以畫面的表現來分成三個角度欣賞：**

第一，看他的工作態度。

第二，看他的創意。

第三，看他的技巧。

千萬不要還沒看就虛偽地說：「喔！好漂亮，好棒喔！」到底漂亮在哪裡？好棒在哪裡？這樣隨便應酬式的語彙，很不適合用在教育孩子的態度上。

① 工作態度：孩子畫得認真快樂比畫得漂亮好

從畫裡也看得到工作態度，只要畫得很完整，像不像不是問題，漂不漂亮也不是問題。只要孩子很認真、很用心在畫，哪怕是塗鴉，畫不畫得出形像都不是問題，只要認真畫都值得鼓勵。

我們可以跟孩子講：「你剛才畫得很認真喔，我覺得你沉醉在裡面好享受喔！媽媽喜歡看你畫圖很快樂的樣子。」

用人格化的語言來讚美孩子會更貼切，更親密。讚美儘量不去涉及畫面的漂不漂亮。畫面本身什麼是漂亮、不漂亮，爭議性很大。我們把讚美的詞句轉為人格化的語言，對孩子日後的發展會有更大的幫助。他可以將繪畫中得到的愉快經驗，延續到日後在社會上的工作、做事跟做人的態度。

「你做得很快樂，你做得很認真，你很享受自己在工作的過程。」這是對孩子一輩子都用得到經驗。你也可將這類語彙用在鼓勵孩子其他的功課方面，比如檢查孩子的功課只挑錯字，只管寫得好看不好看，而不要去留意你跟孩子之間的關係，那反而是跟孩子過不去。我曾聽到一個媽媽說他孩子已經六年級了，有一天她在旁邊逼孩子寫功課，結果孩子反彈了就跟媽媽說：「如果妳再囉唆，以後妳老的時候我就送妳去養老院。」

所以不要在形式上面跟孩子過不去。我想人跟人之間也是這樣，形式有時候會讓人覺得挫折，用心、用態度去分享會比較好，多鼓勵孩子：「你做得很認真，要不要休息，等一下再繼續做」、「你做得很快樂，我好喜歡你這樣子」、「要不要我們先吃一些點心」，給孩子一個很適合的回應。我認為愉快的經驗會讓這個愉悅再延續；不愉快的經驗會讓孩子受挫，他就不想再去碰了。

② 創意表現就是跟別人不一樣

創意是超脫一般的思考模式，孩子有比較獨特的符號，而不是所有的孩子都用同一方法做同一件事情。這樣說好了，十個孩子都做出同一樣的東西，而你的孩子能做出跟他們不一樣的東西，這就是屬於他自己獨特的地方，就叫做「原創性」。當然是需要被鼓勵與支持的。可是有的大人卻反而去責怪孩子，你怎麼做得跟別人不一樣。

創造力最大的價值不在於他是否能得獎，而是這種能夠為自己思考、能夠突破自己的限制、能夠把自己的能量充分發展的生活態度，這就是能夠支持他日後在社會發展的觀念。將來他做人、做事就沒有什麼事情可以打倒他，他已具備創造力的能量，並且勇敢去面對與執行，當挫折或難題來時他就可以去轉化。現在的青少年動不動就往跳樓、飆車、砍人，連一些成年夫妻吵架、男女朋友分手、跟父母要錢……一不順心就加暴力於對方；這些都是讓人家覺得很心痛的事，很不健康的社會現象。他們為什麼不肯去解決問題，是真的不願意嗎？還是不會？這就跟小時候的生活教育態度有關。

孩子如果從小凡事都要聽大人的，沒有學會自己去解決問題的機會與習慣，連畫圖都不能照自己的方法，只要孩子聽大人講話，而大人都不聽孩子講話，後果將

是讓我們心痛的。這就是情緒的困擾，控制不住情緒的時候，包括父母也都會做出不理性的動作。這就是**為什麼要讓孩子學畫畫，其最大的價值在於平常就引發他的創造力，讓他對每件事情都有意願、都有能力去把它轉化**。

③技巧可透過時間與經驗來累積

技巧是指在長時間中琢磨出適合自己比較能掌握到的工作態度跟方法。我強調的是**適合自己**，而不是拿別人的標準，讓自己勉強做到別人的標準。當然在學習的過程中，可以參考別人的經驗，但一定要再轉化成自己的方便才好。比方：孩子在畫人、畫動物都能掌握到孩子自己喜歡的對象；或者是在日常生活裡做事情有負責任的習慣；或者是在創意的美勞過程中，黏、貼、剪、畫他都掌握到相當確實的一種能力。這都是很容易看得見的技巧，這也是自我的肯定。

技巧的讚美也不必用漂亮不漂亮的語彙，而是針對作品本身所具備的條件，來跟孩子做適當的回應。比如，我們可以說：「你把它貼得很牢，黏得很緊，畫得很清楚。」

大人不要亂講孩子的畫

當孩子願意跟我們分享的時候，用孩子的工作態度，用畫面呈現出來的技巧，以及與眾不同的創意，分別跟孩子們做正向的回應，這三點又以「態度」最有價值。

另外一種情形是，孩子根本就不講話，他畫完後直接就收起來了；大人問「你在畫什麼」，他也不回答；這時我們要尊重孩子有不講話的權利。就像當媽媽在廚房炒菜時，若你也在旁邊吵啊吵的，媽媽就是不理你，她也有不想講話的時候。因為可能孩子真的沒想到要說什麼，或者他畫這張圖只是純粹手的操作遊戲，根本沒想到要說什麼，大人不要去逼他講出答案。大人也不必太雞婆地幫孩子打圓場說「你是不是在畫汽車」什麼的。

孩子從「塗鴉期」要進入「蝌蚪期」時，常常會繪出圓圈圈，旁邊長出二隻腳，或者是像馬鈴薯長芽般，一根一根的芽鬚。其實三歲孩子的語彙跟生活經驗都還不夠支持他說這是「太陽」，只是媽媽都主動自問自答「喔！這是太陽」，孩子就以為太陽跟馬鈴薯長芽一樣，所以以後畫出來的太陽就千篇一律照這樣畫了。事實上以我長時間的觀察，這樣的符號它有可能會變成動物、也會變成人，這是一個「生命現象」，但不見得就是「太陽」。

另一種情況是，孩子自己不滿意就把它揉掉，或把它撕破，或把它塗黑，或把它丟掉；這時大人通常會給孩子負面的回應：「你這小孩怎麼這樣！這麼浪費材料！」當孩子有情緒的時候，我們應該冷靜觀察小孩的行為：他為什麼會有這個動作，是不滿意自己、或不滿意材料，還是旁邊有人干擾到他，或是孩子忽然想到什麼，而出現的反應。

譬如孩子會說：「媽媽我想要重畫，我畫錯了，畫錯了！」我們覺得好像他不負責任，隨便畫一畫就敷衍了事。

這時我們可以多關心地看一下孩子的眼睛，然後去了解他的需要與真正的困擾；也許他很想畫好一個東西，而有筆誤的情形，那就請他把紙翻過來，在背面繼續畫。也有可能是他在心理不願意做，而大人硬要他做，當然他就愈畫愈生氣地把它揉掉了。這樣的狀況就讓孩子將情緒發洩出來。

等他的情緒平復後，我們再好好跟他說：「這張紙是你的好朋友，它是在陪你

玩遊戲，你生氣了把它揉掉，這樣對你的朋友是不公平的；現在你不生氣了，是不是要跟你的好朋友說對不起，我們把它撿回來，弄平，破掉的地方用膠帶黏起來。你可以送給我，或你自己保管，媽媽想跟它做好朋友，因為它本來就是你的好朋友。」也許孩子不再畫了，媽媽可以把這張畫先收起來，千萬不要養成他一生氣就可以把東西毀掉的習慣；這樣將來當他的男女朋友會很可憐，一生氣就把他給毀了。

由於這些平常不被注意的小動作，而造成價值觀判斷的錯誤，若養成了習慣就不是一件好事，所以家長要多留意孩子的情緒發展。我不是鼓勵一個人在生氣時用破壞東西來發洩情緒，儘管有些人說繪畫可以疏導孩子的情緒，我相信破壞的確可以發洩情緒（如撕報紙、摔東西等），但紓解情緒絕對不是用破壞的方式，也不是把情緒加諸在別人身上；而是透過合適的媒材讓情緒有出口，比方講出來、寫出來、畫出來、唱出來，或是整理房間和抽屜、清洗玩具和衣物，也可以打球、騎腳踏車、散步、爬山、游泳等；或是把孩子抱住讓他哭出來，再安慰他，再聽他訴說；**透過可以自制的活動表達出來，慢慢地思考會轉為理性，大腦的快樂激素會沖淡情緒的不滿，人就會冷靜下來，再用同理心或同情心去了解他的需要與難處**。美術教育是希望引導人走到正向善良的層面，而不是在鼓勵破壞以及不負責任的生活態度。

感受孩子的感覺

曾經有一個中班的孩子用紙做了一個手提袋，他拿給我看時，我就幫他加了帶子，讓袋子可以手提；結果你知道他怎麼處理嗎？他不但把它丟到垃圾筒，而且還先揉成一團，揉過以後他兩個眼睛瞪著我看，好像在說：「你想要怎麼樣！」那次我真感覺是被孩子教訓了，我的好心變成不尊重他的態度，從此我真的不敢了。

再跟大家分享一個例子。我們家的老二小時候，有一次他被開水燙到手，我帶他去醫院敷藥的路上，我一直安慰他，「醫生叔叔一定會很小心，不會弄痛你的手，你不用擔心。」我一直安慰他，結果他回我一句，「那是我的手又不是你的手！」

小孩其實是很清楚事實的，只是我們大人是不是也跟著清楚了。

家長提問

Q：繪畫班幫孩子改作品，改得很漂亮，這樣好不好？我的小孩剛升小一時有上繪畫班，他從繪畫班帶回家的作品都滿好，我以為他在學校的美勞課應該也會表現很好；可是上星期我去學校參觀時，發現其他小朋友的作品都有被貼出來，但怎麼找也找不到他的；後來問孩子，他說覺得自己畫得不好就沒交了，所以我就決定把畫圖課停掉，因為繪畫班會幫小朋友的作品改得很漂亮，讓我們以為是孩子畫的。現在他二年級了，他說想學素描，不曉得現在再重新建立許老師前面提到的「態度」還來得及嗎？

A：我認為繪畫班改小朋友作品欺瞞家長，是不禮貌的行為。小一的孩子曾經去兒童美術班學過，帶回來的作品都很好，但是在學校沒有被肯定，因為有些時候是繪畫班老師去改孩子的作品，造成假的學習成就，而讓孩子受挫。要不要學素描，我認為可以考慮，後面也還會有說明。

Q：小朋友如何使用素材？我小孩是小二，目前要考美術班。他在使用素材的時候，是要開發他使用很多素材，還是讓他使用簡單的工具去創造一些比較不一

樣的東西？

A：當然要多開發，多方向的使用素材有助創造力的表現。任何一種材料對孩子都是刺激，像陶土、紙黏土、木頭、保麗龍碗、金屬、紙張的東西都是好材料，開發多方向性的東西對孩子創造力一定會有幫助。做家長的可以盡量收集，只要不會臭、不會爛、沒有危險性的物品，統統可以拿來玩，但是要留意使用的安全及經驗，小學二年級應該可嘗試多方向性的接觸。

Q：小朋友很會生氣，如何在繪畫中得到快樂？我小朋友現在讀大班，沒上過美術班，但他觀察力滿好，想像空間也很好，什麼都可以自己畫得很不錯。他繪畫的時候很用心，寫功課也是非常用心。但我最近發現他很會生氣，要怎樣教導他由這方面來疏導情緒，讓他在繪畫當中可以學習到快樂？

A：父母的修養可以減緩孩子的情緒。大班的孩子觀察力非常好，雖然沒去美術班可是他畫得很用心，但是呢，很會生氣，這時媽媽就要留意自己的態度了；因為孩子是妳生的，氣質多少會傳染；還有也要留意妳跟孩子處理事情的態度，如果妳是一個很溫和，講話速度慢慢的，對人也客氣有禮貌的媽媽；妳的孩子是沒有什麼機會隨便就亂發脾氣的。所以孩子如果常頂嘴、亂發脾氣，我覺得大人要回過頭看看自己，是不是我們也這樣在對待孩子及父母，孩子是不是從我們這裡學到這些的。

Q：孩子都要看東西才會畫圖怎麼辦？我大女兒今年六歲，沒上過幼兒園，之前有帶她去過繪畫班，老師說她下筆比較慢，比較沒有信心，也要看著東西來畫。我發現她已經被限制在框框裡，請問許老師要怎麼引導小孩，才能讓她再去創作？

A：改變舊習慣就會有創造力。創造力，有一部分是父母的遺傳基因會影響，一部分是環境的刺激。尤其以環境的刺激為比較重要的引導因素。所以如果我們每天都固定時間起床、睡覺，看固定的節目，做一樣的事，對孩子也講一樣的話，回家也走一樣的路，玩一樣的玩具，當然孩子不會有機會表現他的創造力。不是孩子沒有創造力，而是創造力沒有機會在日常生活中被激發出來。

在這樣的情況下，我建議家長從日常生活的食、衣、住、行開始著手，比方：吃飯一定要規規矩矩地坐在餐桌前拿著碗、拿著筷子、拿著湯匙才能吃飯嗎？我們可以跟孩子討論用創造力的方式吃。或者又為什麼一定是媽媽煮東西給孩子吃呢？倒過來思考一下，我們可以買麵粉加水，讓孩子抓抓麵團、揉個麵疙

瘩，放到電鍋裡面蒸一蒸，如果白麵不好吃，打個蛋、加點起司、加點糖，孩子一定會很愛吃。又比如，湯一定要裝在碗嗎？也許可以把玩具洗乾淨，當作餐具呢。在安全的時間、地點不妨讓吃飯變成一種遊戲，讓孩子改變一下思考，生活需要刺激。但是去餐廳吃飯就要穿戴整齊，規規矩矩的坐好，因為那是公共場所。

或者，你帶著孩子走在街上的時候，突然間停下來問孩子：「你不要回頭，剛剛走過去的那個人是男生還是女生？他穿的衣服是什麼顏色？」隨時找機會讓孩子動動腦想一想。

我再講一個例子：畫室有個媽媽住在二二八紀念公園旁邊，她的孩子有陣子每天早上一起床就趴在窗戶上看一棵樹。她覺得很奇怪。因為就在這件事之前，那個媽媽聽我講過「生活需要刺激」，所以每次穿過這個公園時，她一定會提醒孩子去看花、看鳥、看螞蟻啦，可是孩子都不理就一直往前走；講久了，她自己也累了就不再講了；可是有一天孩子跑來告訴她：「那棵樹上有一個鳥窩喔！」大人都以為孩子沒在聽，其實他都有聽進去喔！

孩子在發現了鳥巢以後，每天早上都趴在窗戶上面看。有一天他問媽媽：「什麼時候樹會長葉子出來？」

媽媽問：「為什麼這麼問？」

孩子說：「現在是冬天，樹都沒有樹葉，小鳥會冷耶！」

環境在刺激孩子！從日常生活中去刺激他發現、思考與行動，孩子比誰都有創造力。當然也要記得我說過的：創造力很容易傷害到自己，也很容易干擾到別人，所以執行的時候要注意環境的安全。

9 孩子用左手該糾正嗎？讓左右腦都開發吧

很多家長問過我，孩子用左手繪圖該糾正嗎？其實慣用左手的人的右腦發達，很適合文學藝術發展喔。接下來我就跟大家分享用左手畫圖，還有工具、材料的問題。在某些行業中有些特別傑出的表現者，如藝術家、音樂家、運動員、政治人物等，其中有不少比例的人都是使用左手，也就是大家稱的「左撇子」。根據大腦科學的說法，左腦管右手，右腦管左手。習慣用右手的人，左腦比較發達，一般數理方面的發展空間會比較大。使用左手的人，他的右腦比較發達，在文學、藝術方面的發展空間也會比較大。

在國外，大多是讓孩子自由發展，運用左手或右手。我在維也納學習的時候，就有三個教授是左撇子；知名的拳王阿里，他也是用左手。我對我自己的孩子做觀

察，剛出生的嬰兒好像沒有左右手的問題；左右手都可以用，在他的成長經驗，他會慢慢地去體會自己用哪一隻手會比較方便，就慢慢地調整慣用那一隻手，大人千萬不要刻意地去糾正他。

左撇子也有遺傳的因素，有的爸爸、媽媽說：「咦，我們兩個都不是左撇子，為什麼我們的孩子是左撇子？」

遺傳還有所謂的「隔代遺傳」，可能在阿公、曾祖父那一代有人曾經是左撇子；你也可能說沒有啊！但我們上一代老一輩的人，他們不習慣用左手，很多小孩在小時候就被糾正過來了。在被糾正的過程裡，有一些很不好的影響，比如：斥責、羞辱、打手、處罰等，大人硬要讓孩子從左手改為右手的時候，他潛意識是反抗的，不習慣的；因為很不習慣，所以他要用很多的壓力去自我約束、自我控制。在自我約束控制，加上外力的指責，會讓他潛意識中產生怨恨。而硬糾正他的左撇子習慣後，會發現他日後發展該強的地方沒強出來。

習慣用左手的人勉強使用右手，絕對沒有像慣用右手的人靈敏；孩子強的地方，我們應該儘量讓他來發展，不夠的地方再來補強。而不是把他強的地方限制住了，你卻硬要拗他比較不強的地方。這樣子他辛苦，你也累。孩子會感謝你把他糾正過來嗎？答案是：不會的。

材料與工具的選擇與使用

任何的材料都有其危險性，而讓孩子學會安全地使用材料與工具，絕對是大人的責任。

① 符合人體工學的剪刀

在台灣，大家比較不會注意左撇子需要的工具，所以在市面很少發現有左撇子需要的工具；譬如剪刀，我們為孩子買一把剪刀，看到漂亮有卡通圖案的、價格貴一點的、或者標榜是安全剪刀的；以我對市面上剪刀的了解，能夠讓我們學齡前到國小的孩子使用的剪刀不多；大多是兩個圓弧一樣大的手把，大姆指放一個圓弧，另外一個圓弧只能放進一個手指，其他三隻指頭都沒有用到；這樣子，在人體工學上的著力點不穩定，在使用上不好使力，讓孩子使用是不安全的。

我這裡介紹一把供大家參考，它的總長度大約是14公分，不鏽鋼製品，手把的位置剛好是整隻剪刀的一半；手把兩邊有一個大姆指握的「小圓弧」跟其他手指共

握的「大圓弧」；剪刀嘴不是尖銳的，是圓弧狀；重量也適合小朋友拿握。

五根手指中最靈活的是食指，孩子挖鼻孔的時候都是用食指，罵人也是用食指，按電鈴、打電話、挖耳朵也是使用最靈活的食指，所以不應該把它關在那個洞裡面，應該要讓它出來。所以各位家長，請跟我做這一個動作，把五根手指頭分開來，試著想像（不管你是左手或是右手都沒有關係）：我剛剛講的那把剪刀，**大拇指是放在小圓圈裡面，二姆哥（就是食指）不要放在圓圈裡面，把它跨在大圓圈的上面，也就是肩膀的位置；另外三個手指頭或二隻手指頭把它放在大圓圈裡面；小指頭放不進去就不放沒關係。你會發現食指扣在手把肩膀的位置，這把剪刀很牢，他不會甩出去、不會掉地上。**

增加了靈活度，也增加了穩定性及安全性。這把剪刀要剪直線或旋轉方向，都非常方便，你不妨試試為孩子買到這樣的一把剪刀，可以一直使用下去。我自己也使用這種剪刀，雖然對我來說有點小，但是做一些小作品時卻很方便。我在維也納唸書時找到一把德國製、類似這樣子的剪刀很好用，手把大圓弧上方有凹陷位置剛好可以架住食指的地方，在大拇指滑進去的地方也有一個給左右手使用方向的「滑口」，大拇指在靠近手掌關節的地方會很自然；反之大拇指拿出來會有一條肌肉被

壓迫的痕跡。如果有機會到歐美國家旅遊，不妨去到文具店或五金手工具店，找一找也許會找到適合你孩子的工具。

我要提醒一下，市面上有所謂「安全剪刀」，在刀口位置有二片塑膠片護貝。塑膠護貝的不是好剪刀，因為我發現那個材質是鋁，不夠銳利，孩子要剪卻剪不斷，用力剪時速度會增快反而增加危險性。而且塑膠護片跟鐵片連接的地方很容易分開，兩片變四片，反而不安全。其實剪刀的學問很大，在不同用途及使用者不同時，剪刀的形狀及重量也會跟著改變，如手術室用的、美容院用的、布店用的、手工藝用的都有其特殊處。

② 畫筆的使用

畫筆的使用有沒有差別？有！我們分開「工具」與「材料」來談。**材料可分為「繪畫性的材料」與「工藝性的材料」**。

只要能夠在平面上畫出線條、軌跡的，都可以稱為繪畫性的材料；像是彩色筆、粉蠟筆、水彩、簽字筆、鉛筆、毛筆、墨汁、廣告顏料、粉筆、木炭、石頭，甚至口紅、指甲油、牙刷、羽毛、樹枝、稻草的桿……也都可以拿來做為繪畫性的材料；像歐陽修就是用樹枝寫成大書法家、把竹子削成像鋼筆的筆尖片，中間切割成落水線，就做成像鋼筆一樣的竹子筆；只要能夠沾上顏料或者墨汁的，能在平面紙上圖畫的，都可以是繪畫性的材料。

③工藝類與大自然的材料

工藝類的材料就是勞作，是屬於手的操控性，像是陶土、紙黏土、麵團、還有紙板、保麗龍，容易想到的大多是美術社買得到的。另外如果家裡附近或家裡有的，例如：紙箱、紙盒、廣告紙、塑膠繩、塑膠袋、牙籤、竹筷、保麗龍製品、布、針線、瓶子、布料、瓶蓋、罐子、拖鞋、舊的玩具或生活器物等等，這是家裡面找得到的。

還有在大自然中找得到的材料，譬如：沙子、貝殼、樹葉、樹枝、石頭、海邊漂流物等等。但要注意，不要破壞山上的花草樹木，只撿取自然掉落的。大家想想看，樹不可能拔回家，但是樹可以讓我們欣賞。

美勞活動不是只有動手做而已，「欣賞」也是一種學習。我們可以從很多角度

觀看與欣賞一棵樹，四季有不同的變化，躺下來看樹、站著看樹、爬到樹上看樹，從不同的高度看，感覺也都不一樣。我並不贊成有人去畫石頭，大自然賦予石頭漂亮的顏色及多樣化的花紋，我覺得不應該把石頭畫成那個樣子，如果我也把你的頭畫成那樣子，你要嗎？還有人把石頭畫一畫之後拿到工藝店去賣的，我也覺得不好。大自然有它自己的生命，不應該刻意地去刻描變成你想要的樣子，保留它的自然，你會覺得更美麗一點。利用大自然做創作，以不破壞大自然為原則。

以上提到的是材料分類：平面的材料、立體的材料、繪畫性的材料及工藝性的材料。只要記性：不會臭、不會爛、沒有危險性的物體，都可以收集、分類，讓孩子自由取用。這些東西本身不過是原始物，要把它變成作品時，一定要有些工具去處理它，例如：一張紙、一隻筆它可能是原始材料，如果把筆在紙上做活動時，它就是繪畫的開始。

美術活動

很多人問我，什麼是「美術」？照字面上解釋是美的技術，這樣的解釋是不公

平的。因為事實上，它不只是技術的問題，還有想法的問題。「破壞」的目的是為了再建設，所以**改變物體的原貌**，**用破壞的手段達到預期建設的目的**，**就是「美術活動」**。破壞一個紙箱或一張紙的方法有很多種，撕開是一種破壞，彩繪也是一種破壞；能夠改變它的原貌，再加入人的思想，而具體地呈現出人的知識經驗，或情感張力，或邏輯推理，就是很棒的「作品」了。

當然爭議性很大的就是，這件作品（德文die Arbeit）」到底算不算藝術品（德文Kunst Arbeit），還是手工藝品（德文Hand werk），或者是商品（德文Handlung Sache）呢？

我想說的是，**很誠實**、**很誠實的自己**，**就是藝術**。為了賣畫而開畫展，然後才動手去畫的作品，就是商品。為布置生活而作的裝飾品，就是手工藝品。以上都可以稱為「作品」，德文叫Arbeit，就是「工作」的意思。每一件材料都可以創造出不同的作品，要讓孩子有這樣的衝動想去做。

善用工具就能改變材料的原貌

工具就是使用材料時，來幫材料改變原貌，像手、刀子、剪刀、鋸子、鉗子、

鐵鎚、刮刀、畫筆、竹棒……等都是工具。

我建議孩子四歲以前不要讓他拿剪刀，幼兒園中班以後會比較好。小班的孩子對剪刀的掌握度還不是很能控制，盡量用手撕就好；用手撕紙不但可以讓孩子小手的肌肉接觸到材質，也可以幫助小肌肉在這方面的活動。而紙撕了以後就可以貼、也能夠灑紙花，像下雪了。我們一定要破除一個觀念跟迷思，以為「畫圖」就一定要畫得很像，才叫做「會畫圖」；把紙灑向天空讓它飄就是一個藝術的活動，也是一個遊戲。

其實**遊戲就是一個藝術活動的開始**，孩子一定是透過遊戲的方式把他的想法呈現。在《閱讀的樂趣》這本書中說：「閱讀兒童文學就是引導孩子去做思考。」帶孩子看一本書是在引導孩子思考，而不是一直在唸那幾個字而已。

繪畫也是一樣，是透過材料工具引導孩子去思考，思考我要做什麼，於是我就很勇敢的、很快樂的、很安全的、把我的想法具體呈現；這就是美術活動。活潑的運動喔！不是被規定的，是活的。在使用各種工具時，一定要注意使用者與工具及材料的關係，以及適不適合、安不安全的問題，孩子的年齡、理解力、操作力、經驗性、情緒穩定度及工作空間的設計、大人的敏感度等，都會影響到工具的使用安全度；「手」是掌握及操作工具的主角，讓它活起來吧！

接合物

接合物的功能就是把兩個分開的物體組合起來，讓他們發生關係。最簡單的是糨糊、白膠、瞬間膠；鐵線、毛線、像皮筋、釘書機、膠帶這些是屬於接合器物，可以將分開的兩個東西組合在一起。**注意，千萬不要給學齡前的孩子使用瞬間膠**，免得孩子的五根手指頭都黏住了。學齡前的孩子只要使用糨糊、白膠。家長可買塑膠袋包裝的糨糊或白膠，分裝在小空瓶中，再教孩子用剪短的吸管或竹籤來挖糨糊或白膠，也可以讓孩子用手指頭挖出來玩，只要準備好一條抹布讓他擦手。

有家長可能會說，市面不是有賣小罐的白膠，而且開口小小的，擠一點用一點，不是很好嗎？或是管狀的透明膠水，蓋子打開就可直接塗貼紙張，方便又好用啊？但是使用這些，孩子的手不會有接觸膠水的感覺；**我們要保護孩子並不是要他拒絕危險，而是讓他了解危險，他才知道如何保護自己**；這才是正確的安全概念。在安全的條件下讓孩子去接觸材料的特性，比如讓孩子用竹筷子、竹籤、棉花棒、吸管去挖白膠。

家長們可再思考材料跟工具還有什麼可能性？我的建議是，把握住不會臭、不會爛、沒有危險性的器材都可以使用；而且一定要留意孩子是三歲、四歲？是學齡前還是學齡後？他對工具能掌握到怎樣的程度和情況？如果沒有辦法很清楚了解如何區分，透過觀察孩子是最容易的方式；比如，他**拿起來很順手，就是他可以使用的工具；他拿起來不是很順手，就不要急著今天一定要把他教會。**

我要再強調一次，給孩子一個安全的概念是必要且重要的。

◆家長提問◆

Q：小朋友用尺來畫圖，這樣好不好？

A：我覺得沒有好或不好的問題，尺是材料，也是工具。用尺可以做出不同的線條組合，但是如果每一次都只用尺來畫圖，當然就不好。我建議可以幫孩子收集各種不同形狀的尺，比如直形的尺、彎曲的尺、三角板等。也可試著讓孩子使用不同的模型物，而不是只侷限在尺，像是杯子、瓶蓋等都可以拿來玩。

Q：孩子現在是國小三年級，零到六歲的時候，他在幼兒園都會用左手畫圖、寫字跟吃飯；回到我娘家被外公外婆念，後來小學老師也罵，就改右手。現在情形是吃飯用左手，寫功課用右手，握筆是用拿毛筆的方式在寫功課，寫得又慢又像在刻鋼板，可是字寫得非常漂亮。我曾經上過保姆課程，醫院跟我說，如果左手的小孩子矯正成慣用右手，腦力會受損。我很擔心，所以去年暑假就讓他重新學習用左手寫字，剛開始他一直寫不來也很辛苦，我一直鼓勵他，也一直給他加油，短時間內有點進展；可是他不想再繼續用左手。開學之後，用左手寫的字也沒像已經使用了三年的右手那麼順。像這樣的情形，我要繼續再鼓勵他用回左手，還是讓他一手會吃飯，一手會寫字就好？

A：左右開弓是最棒的，全腦開發嘛！現在你不用刻意要求孩子全部用左手或全部用右手，讓他自由發展就好了，以他的方便為方便，這樣子對孩子是最有價值的。有時候挫折的環境反而能激發孩子勇敢的意志力，所以不要氣餒。

Q：我孩子是小學三年級，他很愛看漫畫，畫的圖也都是漫畫，這樣是好還是不好？

A：看漫畫有想像力。我小時候看的漫畫比誰都多。看漫畫跟看卡通不同；漫畫的

確會提供很多思考的想像空間，因為圖像是一格一格，不是連貫的，必須加上讀者的想像空間才能了解它的意思。而卡通是從頭到尾鉅細靡遺地交代很清楚，所以看卡通只是了解故事內容；而看漫畫可以加強想像空間。但是看漫畫的結果是不想背書，你會用你的想像力去看文章。所以看漫畫輕鬆有趣沒有什麼不好，但色情暴力內容的就不好；看漫畫看到不做功課、不吃飯、不睡覺更不好！還有大人要幫孩子做選擇，避開暴力的、色情的，選擇好笑的、幽默的、文學性的、歷史性的漫畫；家長也可陪著孩子一起看。近年的高中、大學的推甄考試都非常生活化，不要背死書，所以讓孩子看一些漫畫書沒有關係；他喜歡畫漫畫，很好，但不要老是抄漫畫，鼓勵他創作自己的漫畫。

Q：我的孩子現在小學一年級，他也是用左手畫畫。他沒有去學過畫，但從小到大很喜歡玩一些跟美術有關係的創作。上小學之後迷上漫畫，小朋友之間也會互相模仿，畫的圖就會有很多漫畫線條；比如，畫動物的腳就畫兩條線下來、畫眼睛就有漫畫的圖案出來。現在開始去學素描，會不會有幫助或者有什麼方法？

A：左右手和漫畫的問題，可參考前面二題的回覆。我認為學素描可幫孩子拉開寬

廣的學習，給他多方向的學習經驗，絕對是好的；而不是因為孩子喜歡這個，就只有得到這個而已。（素描的問題請參考p.216）

Q：幼兒園中班的小孩特別喜歡紅色，什麼東西都用紅色去畫。請他用別的顏色，他就拿粉紅色。他說粉紅色跟紅色不一樣，一個比較深、一個比較淺，不一樣啊！請問要如何調整他的用色？

A：粉紅色看起來的確是比紅色亮一點，有亮有暗，這個孩子是敏感的。有一種學派認為：孩子出生後，在一歲以前，思緒還停留在天堂的世界，所以他們會對紅色及粉紅色比較敏感。我們從拉斐爾（Raffaello Santi）的作品也可以看到他大膽使用藍色跟粉紅色調，他說是天堂的顏色。那麼地球的顏色就是綠色跟咖啡色，因為我們的環境充滿了這樣的顏色。所以就色彩心理學來說，紅色、粉紅色是喜悅的顏色，孩子喜歡是沒有問題的。站在教育的立場，我們還是要鼓勵孩子多方向的使用顏色。

面對中班的幼童，除了紅、黃、藍三原色外，建議可加上中間色（也叫二次色），如橘色、綠色，讓他們使用。或從生活中做調整，例如衣服、床單、毛巾、書包、玩具、牙刷、漱口杯色彩的選擇，讓孩子有多樣性的選擇。或帶他們到菜市場，看看很多東西都不是粉紅色的，拉開孩子的生活經驗，也會有所幫助。色彩心理學專家都強調，不要因為性別而設定顏色的使用。很多家長會因為孩子是女生就都買粉紅色、黃色的衣服，男生就買藍色的用品。不應該這樣的區分，三歲以前的孩子都是比較中性的，讓孩子多方向的使用色彩，對孩子的心理、大腦和人格的發展都有幫助。

10 人格與創造力並行的藝術教養

孩子的繪畫態度影響未來的發展，但我們談態度的時候當然不只有談繪畫的態度。每一件事情的發生都有關聯性，我發現有些孩子平常的生活態度就是懶懶散散，注意力不集中，做事情有頭沒尾。

孩子要養成好的工作態度或生活態度，應該從日常生活做起。我相信三歲的孩子就有能力為自己摺棉被，也許他沒有辦法像阿兵哥一樣摺得有稜有角像豆腐一樣，至少把它掀開來對摺再對摺，不是困難的事情。尤其現在天氣比較暖和，被子比較薄，應該給孩子練習與成長機會。從三歲開始，就應該要讓孩子學會為自己做準備，會照顧自己的人就是長大了。已經上幼兒園的小朋友應該要學會自己洗臉、自己刷牙、自己擦屁股。讓孩子與父母一起摺毛巾、手帕、小內衣、小內褲，大人有沒有提醒或帶著孩子一起整理家務的興致這是關鍵。家長們不要等到已經累得不耐煩了，才來罵孩子；他小的時候，你不讓他學著做，等到他念國中的時候，又罵說：「你那麼大了，都不幫忙！」

你讓孩子依照衣服的顏色分類，讓他摺手帕、襪子，讓他整理自己的抽屜，這些生活小芽不但可以刺激孩子的生活動力，也可拉近親子間的互動。這些點點滴滴將反射在孩子做功課及繪圖的主動性及態度上面。

如果這個孩子在家常喊無聊，除了功課以外無事可做，他每次要做事也都要人家三催四請還不肯動的，那他畫的圖也是簡簡單單、草草率率，他畫個兩筆就會跟你講：「我畫完了！」你跟他講：「你還可以再做什麼、什麼的……」他就說：「我不要。」他的生活態度就是應付性的、應酬式的。這是因為孩子從來不知道自己可以為自己做什麼，也不知道為什麼「家事」要由他來做，從小到大都是大人在做的啊！

所以當你發現孩子的注意力不集中或是生活態度草草率率的，什麼事情都好像「有也好」、「沒有也沒有什麼關係」時，我們不妨把它當作一面鏡子，反射一下我們自己——是否在生活的點點滴滴中，塑造了孩子變成這個形狀。就如同一位媽媽很不以為然地痛罵她國中一年級的孩子：「你們就是太好命了！」我在旁邊順口

也回了一句：「喔！是誰讓他好命的。」

家長們一定要相信「人性本會自我善」，本性應該是屬於善的；當然也有人說它是本惡；也有人說他是屬於中性；而我卻認同環境的引導，環境給予善的，他就會往善的地方走。如果你給孩子很多機會照顧他自己，我相信他就能學會照顧自己，會把自己的能量發揮到最大。就像當孩子很認真地完成他的作品時，不管他畫得像不像或是漂亮不漂亮，你都發出由衷的讚嘆，你會為孩子的精神感動，你會發現這一張就是很好的作品。

我們教育孩子的目的，最後總是期望當孩子長大離開我們的時候，我們會很放心，相信孩子都有能力照顧自己，這些點點滴滴不是從學校考試一百分可以得到的。

有利於創造力發展的環境

希望孩子繪畫態度很好，就必須為他們打造利於創造力發展的環境，以下我提出四個好的方向：

① 孩子必須有獨立思考的機會

第一個就是孩子必須有獨立思考的機會。很多爸爸媽媽都會為孩子們買兒童圖畫書，你千萬不要只是一直念書本的文字給他聽，這樣他是沒有機會思考書本的趣味與邏輯。那該怎麼辦呢？我建議用「親子共讀」的方式，也就是**用討論的對話方式，讓孩子有想法**。有思考能力的孩子將來就不容易被人家「折磨」。為什麼呢？因為他變得有智慧了！

親子共讀就是圖畫書裡的插圖有小狗、天空、雲、樹、人……等等，你讓孩子們用他的「生活經驗」把它結合上去；比方，看到一隻小狗，你可以提醒孩子說：「嘿！那天我們在公園也有看到一隻狗，你還記得牠長什麼樣子嗎？你還記得牠在那邊做什麼嗎？你想想看牠在等誰呢？牠有哪些好朋友呢？牠會聽到什麼聲音？牠會看到什麼事情呢？」

家長可以把一些「哲學的語言」再放進去與孩子討論，並且讓孩子說出他的想法。什麼叫哲學的語言？就是智慧與愛的表現。人跟宇宙萬物間的互動就是一個「愛」，人從大自然裡面吸取的觀念就是「智慧」。把這兩個貼近生活裡，你就是

一個懂得用哲學生活的人了，給孩子有這樣的一個空間。當然親子共讀也可以拉開在生活面的人、事、物、話題與素材使用（請參考p.116材料與工具的使用）。

我們常常會聽到很多人說：「那個人很會想」或「那個人很不會想」。你看昨天晚上電視又報導，一個高中生考試考不好就從高樓往下跳，這就是「那個人很不會想」。相反的是「那個人很會替別人想」或「那個人很會替自己想」；我們發現這些思考的層次會決定一個人將來在社會的成就面。

很會替自己想的人，我們就相信他將來會為自己有所成就。

很會替別人想的人，他就是很願意跟社會分享自己成就的人。

很不會想的人，就是糊塗的讓人心痛。有人結了婚以後，還是沒有做好自己的角色——對家庭沒有責任，夫妻兩個人常常在對立，對孩子也是不負責任；他很不會想，就是很不會為自己想，也不會為別人想；什麼事情都沒有立場，沒有方向，很容易就糊塗做傻事，也很容易被人利用，更常常控制不住自己的情緒。

所以如果能夠透過繪畫的過程，引導孩子們去思考；透過文學閱讀的過程，讓孩子有機會去思考；我覺得這就是很有價值的活動了。

這個空間包括獨立思考的「時間」，與獨立思考的「空間」；獨立不等於寂寞喔。假日時，大人能放下手邊的工作陪陪孩子，全家人一起做一件事，就是很有趣又有創意的事，像是一起去露營、野餐、參觀博物館、運動、整理家務……等。

②親子的關係與父母婚姻生活要和諧

第二個就是親子關係與父母婚姻生活要和諧。孩子與父母有很多事情可以討論，有很多想法可以去完成，這是很棒的事。如果爸爸媽媽常常在孩子面前不避諱的吵架，甚至摔東西，我想這個會阻斷孩子們對很多事情的正面性思考，它有可能會把孩子拉到負面性的價值觀判斷上；父母的婚姻模式，常常也是孩子日後婚姻發展的模式，所以在這邊請各位爸爸媽媽一定要留意。俗話說「舌頭都難免會被牙齒咬到」，夫妻不免會有一點小小的意見相左，但是我要提醒家長們，儘管價值觀不同，但絕對不要刺傷對方的心。你們願意結為夫妻就是一段緣，彼此至少修了一百年才有機會共枕眠，難免有社會價值觀與個人成長經驗的不同，但是千萬不要用刺傷對方的語言去傷害對方，家庭的暴力也只是顯示自己的無奈與愚蠢。

③ 知識是藝術的內涵

第三個就是知識。知識是藝術的內涵，我們要鼓勵孩子多看書。不只是看學校的教課本而已，要廣泛的閱讀，因為不受知識刺激的孩子，他只是在自己的舊經驗裡面打轉；就像很多素人畫家一樣，他畫的永遠都是他個人的舊經驗而已。從藝術史中，我們看到很多大師的創作過程，總是不斷拉開自己新的經驗，所謂的「見異生慧」，也是創造力的引發。

所以小學三年級以上的孩子，父母有機會可多帶他們去參觀畫展，或者是為孩子們準備一些有關繪畫、藝術史方面的書籍，那麼對他創作一定有幫助的。因為太小的孩子他比較在乎自己，還沒有能力去欣賞別人的不同，也對靜態性的平面展示，興致不大；所以會有家長跟我反應，他帶孩子去美術館，小孩卻對電梯比較有好感。

知識的獲得也可以從閱讀一個人、閱讀一棵樹、閱讀一顆石頭、閱讀一朵雲，這正是生命的閱讀。

④ 人格化的鼓勵

第四個就是鼓勵。當孩子很認真地畫完一張圖的時候，不管畫得像不像，只要他畫得很認真，很快樂，都要給他正面的鼓勵。我前面談過不要造成愚昧的鼓勵，肯定他玩得很快樂、很認真，轉為人格化的語言，比針對畫面上的漂亮不漂亮、像不像，對他日後的社會發展會更有價值。

以上四點是有利於孩子們創造力發展的正面條件。接下來也說明一下，不利於創造力發展的環境。

不利於創造力發展的環境

①三代同堂

不利於創造力發展的環境，第一個就是三代同堂的問題。這個在我的工作室也的確發現這樣的問題；「家有一老如有一寶」，老人家幫忙帶小孩可以看前顧後；但事實顯示，三代之間的成長背景不同、社會價值觀不同、教養孩子的態度也不一樣。我們要體諒老人家不喜歡被小孩吵吵鬧鬧的，他們雖然喜歡聊天，但是很難接

受孩子們沒有規矩、吵鬧不休，再加上老人家過去的生活背景，比較重視所謂道德方面的問題，對新一代的年輕人或者是孩子的表現，常常有他們所不能理解及很難溝通的情況；這時就請媽媽們聰明一點，拿出一點智慧安排自己、照顧自己。並且利用自己方便又不打擾人的時間及環境，來讓孩子們繼續發展他的創造力，千萬不要因為你想維護孩子的創造力，而自己的心卻受傷了。

②阻止探索

第二個不利於創造力發展的環境就是阻止探索。有時候孩子很好奇地發現一個東西，或是腦袋忽然閃過一個想法，想與大人分享，而大人又正在看電視、滑手機、打電腦，常會不高興或不耐煩地回應：「你不要吵好不好？你沒看到爸爸在忙嗎？」要不然就是「嗯」、「喔」地應付一下。阻止孩子的探索，對孩子是不公平的，他的發現是一種「敏銳的感覺」。藝術的創作非常需要那種感覺，而那種感覺並不是常常有的；所以當孩子有這樣的感覺要跟你分享時，你最好盡可能放下手邊的工作或東西，哪怕只是一分鐘，或一個關心的眼神，對孩子都是很好的鼓勵。

③時間的控制

進入小學的孩子，家長們慢慢要讓孩子學會控制他自己的時間，很多上小學的孩子都會說「我沒有時間玩」，大人也都會罵孩子不把握時間，功課寫不完、早上起不來、一張圖不知道要畫多久，整天都拖拖拉拉的。孩子在學齡前時，都是大人在支配他的生活作息，上小學後就要讓孩子學會安排自己的每一天。

比如，我與我的孩子會一起討論如何運用二十四小時，我們訂下「合作計劃」，並彼此在合作計劃上簽字，一人一份；偶爾還是要提醒孩子一下，但如果他都在時間內完成該做的事，就要鼓勵他。比方，晚上九點半一定要去睡覺，八點鐘時，他就把所有的事情做好，他就有九十分鐘可以做自己喜歡的事——下棋、看漫畫、看電視（約定的節目）、畫圖、聽媽媽講故事、玩玩具……等等。並且讓他知道這樣大家都覺得很快樂。

讓孩子學會控制自己的時間，否則他做事就是拖拖拉拉。如果孩子對事情的反應都是「沒有關係、無所謂」；現在無所謂，以後再叫他有所謂，他就會覺得很不適應。這種事情是可以慢慢來，但是必須要持之以恆的做。對孩子動之以情、激發榮譽感、或與父母來個小祕密，都是有效的方法。若大人只會罵罵罵，有一天孩子就會被你罵笨了、罵跑了！

④ 半成品的玩具

第四個不利於創造力發展的環境就是買玩具。我建議父母不要買「半成品」之類的玩具。所謂的半成品就是，它的配件都是固定的，你只要組裝就可以玩；甚至於它裡面還有說明書，也就是DIY的玩具。市面賣的塑膠製品、一塊一塊的不同形狀、有各種顏色，只要靠在一起就可組合的，這些都屬於半組件玩具；還有一些模型組合也都屬於半成品。

這些玩具我必須肯定它是一種「結構性」的遊戲，它對數學的發展有幫助，但是對創造力的發展來講，我希望用比較屬於「原創性的材料」。

什麼是原創性的材料？比方，一張白紙、一個信封袋、一個紙箱、一個寶麗龍盒……之類的材料；它可以讓孩子做多方向的思考，也能與別的材料再結合，更能滿足創造力的需求。

⑤ 保守的父母

性格及家教保守的父母因為自己的成長經驗是乖巧不反抗，這個經驗再拿來給孩子做一次發展的限制，所以會讓孩子有很多東西都不敢去探索，也不知道可以去

探索，這也縮小了他的社會適應與人際關係。希望爸爸媽媽在這方面能夠稍微跳開一下。很多媽媽很有心，也很願意為孩子花一點錢，去找好老師或者去學好東西，可是自己卻在旁邊做一個觀望者；像是為孩子報名學游泳，自己卻在旁邊滑手機。我希望家長能夠跟孩子一起參與你為他報名的每一項活動，把你自己的童年透過這段時間再找回來。媽媽們千萬不要因為結婚就把自己給封鎖了，覺得要奉獻給這個家庭，奉獻給這個孩子，妳不要那麼偉大好不好，妳太偉大了，孩子就沒有機會偉大了！妳跟著孩子們一起再找回自己的童年，妳小時候有去釣魚，就帶著孩子們去釣魚；妳會放風箏，就帶孩子們一起去放風箏；妳會丟飛盤，就帶著孩子去公園丟飛盤。有的媽媽告訴我：「我真的都不會玩，我以前就只知道讀書，因為我只要好好讀書，我媽媽就說我是好孩子。」如果是這樣的情況，我鼓勵妳跟妳過去的好同學、或好鄰居聯絡一下，也許別人家的爸爸從前是個調皮搗蛋的孩子，那麼跟著他們的家庭一起走，跟著他們的家庭一起玩，用家庭來帶動家庭，也是不錯的方法。

⑥ 專制的訓練

我發現有些好爸爸是學電腦或理工的，他很有興趣想把自己的專業知識提早

教會孩子，孩子懂得一般大人都弄不清楚的專業知識，表面上好像很厲害，當爸爸的也很得意；可是再深入觀察，我卻發現孩子的腦袋硬梆梆不會轉彎，兩眼直視對方好像很有信心，卻弄不清楚問題要問什麼；我也慢慢發現，好爸爸愈來愈沒耐性。我常在想，你現在教會孩子這些「你的時代專業」，對他將來到底是一種幫助還是一種阻礙？現在我很難說好或不好，因為電腦的知識進步太快，物理的變化也一直被超越，孩子現在接受你的價值觀跟著你的思考模式，將來他要再跳脫你的模式，就要花好大、好大的力量才能擺脫掉。再說大人強硬的教導態度，一定要孩子接受，不許他有意見，孩子是會反彈的、會懼怕的。因為你常常不是很有耐性的態度，因為你強迫他要接受你的觀念，因為你會告訴孩子「這是為你好」，他勉強接受的話，對他將來的發展到底是「助力」還是「阻力」？我想我們都有待觀察下去。

實踐的哲學

談到這裡，我們總希望孩子能透過有創造力的活動來發現自己，因為材料本身

就能跟孩子對話。給他合適的材料，他就會去「思考」，思考我要什麼？然後他會去「執行」，執行的過程裡面他會「碰到困難」，他要學會「尋找助力」，最後他會得到一個「成就感」。這個成就感永遠跟他一輩子走，因為這是他自己所努力得來的成就感。

這五個過程，思考自己、執行自己、發現問題、尋找助力、完成自己的成就感，就是人性化的美術教育，也是人生很重要的實踐哲學。

◆家長提問◆

Q：我們家住在台北縣的金山，如何利用環境來創作？

A：金山在台灣的東北角，很靠近海邊，有山有海，我鼓勵你們多帶孩子去做大自然的創作，海邊有沙、石頭、漂流物；山上有樹、石頭、小溪；創造就是把所有的可能性，用可能的方法，以及可能的材料做具體的呈現。希望你們善於運用環境，聽聽風的聲音，看看白雲，跟山和海對話，看看魚怎麼逆游，盡量運用大自然的智慧與孩子的生命對話，對孩子的成長都會很有價值。

Q：孩子一天到晚就只會畫魚，該如何糾正他？

A：孩子的表現跟他的生活經驗有非常密切的關係，所以你的孩子如果在題材上沒有什麼變化，大人就要想辦法拉開孩子的生活經驗，帶他接觸不同的材質，跟不同環境的衝擊，包括生活的步調；比如，到公園時我們可以跟孩子說：「我們來比賽，看誰先找到十片不一樣的葉子？」然後和孩子一起分享討論，這十片葉子哪些地方不一樣？顏色不一樣嗎？形狀不一樣嗎？或是這些樹站在這裡，每天會看到哪些人？會聽到什麼消息？發生什麼事情？我們該如何跟樹做好朋友？這些都是我前面提到的「思考」，因為孩子有思考，才會有行動。

其次，如果孩子習慣性的使用同一種材料，就一定會做或畫出習慣性的符號。我相信這個孩子曾經畫過魚被人家讚美過，所以他就一直在畫魚。

Q：孩子使用著色本，每次都只用同一種顏色，要如何糾正？

A：基本上，我們把著色本當作一般遊戲，但不鼓勵把它當作創造力的遊戲。孩子只願意使用一個顏色的情況下，家長可以從生活來跟他做一些刺激。若他還是只想用一個顏色，那麼每次都用不同的一個顏色，也可以接受，還不至於要去糾正他。因為糾正的前提是，我們已經認定這是「錯誤」，才需要去糾正他。

我們只要做開發跟鼓勵的態度就好了，從日常生活裡開發他的材料多元化，刺激他常常使用想法，鼓勵他的工作態度及創意。那麼一段時間之後，他就會不一樣了！

Q：孩子很不喜歡畫畫，每次畫畫就說我的手好痠，或是每次畫指令畫時，都會畫得小小的，請問這跟遺傳有沒有關係？

A：「指令畫」就是依照指令來畫圖，在紙上畫線，規定線的上方畫天空，下方畫河流，天空有什麼在飛，河流有什麼在游。用鉛筆、原子筆之類尖細筆頭的工具，通常會畫得小小的；如果你拿牙刷或水彩筆給孩子畫，他想畫小也不可能；所以這個跟遺傳是沒有關係的，倒是跟環境有很大的關係。建議家長們參考前面所談的創造力的環境條件，稍微再思考一下，怎樣做對孩子是有幫助的。

至於孩子表示手好痠，就要請家長留意孩子的握筆姿勢；有的家長很早就教孩子們寫字，而且不斷糾正他的握筆姿勢及寫錯的字，反而會影響他握筆的情緒，也會造成肌肉緊張。由於孩子在六歲以前，他的手肌肉發展尚不足以適應在小小方塊內做小小的刻描字體，於是他就會用力握筆，所以孩子整個手掌及手臂肌肉會在緥緊狀態。家長現在可試著把你的手握成拳頭，你會發現手臂的肌肉是僵硬的，如果你放鬆一點它就會好一點。所以當孩子握筆握得太緊時，他的手一定會又痠又累；所以我不建議太早讓孩子學寫字，規定寫在小框框裡就更不好了。

Q：小朋友現在念公立幼兒園的中班，我們在考慮是否要轉學到私立幼兒園？因為我的孩子比較內向，適應學校足足用了一個學期，但是孩子又不想轉學；請問老師是否該幫孩子轉學？

A：我想這是孩子安全感與自信心及環境適應力的問題。到底公立還是私立幼兒園比較好，這是很難斷定的。建議家長先跟幼兒園的老師談一談，了解他們的教學觀念及老師對孩子的態度，以及環境安全、衛生條件，是不是適合你的孩子，而不是用公立或私立來做選擇。

我建議這樣的孩子可以帶到屬於以「戲劇教學」的教室，用戲劇扮演來帶動生活學習的教室，如「成長幼兒園」就可以考慮。**內向的孩子適宜開放的教室來引導**。

Q：小學四年級的孩子很喜歡打網球，教練說晚上也要練球，我不知道該讓孩子繼續還是放棄？因為孩子堅持要繼續打球，但課業又無法兼顧？

A：我個人是支持孩子打球，因為這樣他的功課也會跟著進步，所以建議不要停掉他的網球課。我們常常是「無心插柳，柳成蔭」，**孩子堅持的東西常常是他內在的一個特質，他的天分就在這個地方**，他一定有在網球裡找到他的樂趣，多鼓勵他是好的。若大人反對他，他一樣念不好書，還可能會反彈得更厲害；若家長鼓勵他：「媽媽喜歡看你運動那種很勇敢的樣子。而且你打球的姿勢非常漂亮，很帥喔！我好崇拜你！」父母給孩子更高的肯定，甚至為他買一雙好鞋子、好球拍，他參加比賽時，你在旁邊給他倒茶水、替他擦汗，帶他去看球賽、為他剪球賽報導的消息……孩子會感受到你對他的貼心，他的態度就會慢慢地扭轉過來。你在乎他，相對的他就會在乎你。不要從考試成績來判斷學業的成就，不喜歡讀學校教課本的人，常常是教室外的第一名，我相信如果你給他看一些體育新聞方面的畫報（包括英文版），他讀書的興趣就會從這個地方漸漸被導引出來了。也許有一天你會嚇一跳，咦，他英文進步了！

Q：我小朋友一歲，如果要訓練繪畫能力是否拿鮮豔的圖片給他看？請問幾歲可以用粗的蠟筆在大圖畫紙上繪畫？我們不是學美術的要怎麼教他？

A：我們一般談繪畫能力都是屬於表現的能力，也就是希望孩子能夠畫出一些東西，一歲孩子的手已經會抓東西了，也會跟媽媽咿咿呀呀地對話了，那麼如果想要訓練他的繪畫能力，這時媽媽可拿筆給他，或是他手能夠掌握到的任何工具，他都會有意圖要去表現；只是他表現出來的一定不是我們熟悉的那種符號。比如可以給他接觸粉蠟筆，但是我擔心他會拿到嘴巴去吃，因為一歲的孩子是「口腔期」，很多東西都會往嘴巴裡塞，要小心注意他的舉動。如果說你的孩子有吃奶嘴的習慣就還好，只要注意他的安全問題就好。另外可以讓孩子掌握的器物有：塑膠碗、紙杯、麵糰、衛生紙等，**讓他玩簡單又安全的東西，就是學美術的開始**；也是為將來繪畫做準備，這就是探索的經驗。倒是還沒必要特意拿鮮豔的圖片給他看。

生活的感官刺激也有助於將來繪畫的敏感度。家長可以帶孩子到戶外，告訴他：「你看這個花好漂亮！」家長不要教他這是「紅」色的花（知識的教導對一歲的孩子來說還太早，感受性的事物可以多一點），你讓他知道這是好「漂亮」的花，好「涼快」的風，「好好聽」的聲音，**多帶動他各種感官的敏感度**，而不要在孩子才一歲時就讓他去背知識、經驗。

再來要注意的就是，家長要讓他自己一個人坐在地板上玩，還是坐在椅子（娃娃餐桌椅）上面玩？還是你把他抱在腿上玩（活動被限制），都請家長要注意孩子的安全。

11 發展式的兒童藝術教育：五段教學法

我出國前曾在幼兒園教了兩年美勞課，我發現一個很嚴重的問題：我進入教室就聽到孩子說「我不要畫圖、我不會畫、要畫什麼」，甚至有人哭；我在藝專所學的那一套光線、比例、明暗，用在孩子身上根本就沒有用。我就跟著孩子在地上打滾，我與他們在地上爬，我講笑話給他們聽，我扮小丑逗孩子，他們開始期待我的出現，在幼兒園教了兩年我就出國去了。我才發現美術真的不能用「人」的「指令」來教。

孩子被教了，才一直重覆畫一樣的東西

有家長問：「老師不教，孩子會進步嗎？」、「老師都不教他，他每次都在畫一樣的東西，怎麼辦呢？」

我發現是因為孩子「被教了」，才一直畫一樣的東西，才不會進步。

又有家長有質疑：「學齡前用遊戲的方法在玩，我們還能接受，可是進入小學以後，許老師還都不教，孩子都不會畫，也跟不上別人，怎麼辦呢？」

是的！當初家長對我這個「發展」的觀念很懷疑，於是我們花了三年的時間證明給他看；家長就發現，**「不教技巧」的結果，是孩子真的會「他自己會的」東西**。這就厲害囉！智慧（自會）與創造力（可能性）就出現囉！他不再說不會，他現在什麼都會，令人感動。

發展式兒童藝術教育的內涵

一九八九年底我從維也納回來，我花了三、四年的時間進行一系列的美勞課程實驗，實驗了兩千多個從三歲到六歲的孩子。

我把整個教學過程跟大腦科學、人類社會發展心理學、兒童發展學、人生哲學、社會學、教育學、藝術的美學、色彩學、造形學、材料學，及最重要的團體遊戲概念與帶領，做了一個結合。讓「創造力」與「人格教育」能同時出現在幼兒美

勞的每一堂課程；「材料的使用」讓創造力盡情演出；「教室內的團體互動」，照顧幼兒的人格發展；「作品的欣賞」成為家長與老師觀念再溝通，再學習的橋樑。一切都是為了孩子的明日會更好，於是我們取得了家長的信任、贏得了孩子的愛，幼教學界也給予我們高度肯定。我稱它為「發展式兒童藝術」，將每堂課分成五個段落去執行發展的觀念，我們做得很認真、很勇敢、也很可愛。

傳統的觀念——孩子是一張白紙

人的出生過程跟教養方式，會決定了他日後的發展模式。大人對孩子的了解與定位，會決定大人對孩子的教育方向。傳統的觀念認為孩子是一張白紙，他什麼都不懂；發展式兒童藝術的觀念認為孩子是有智慧的生命體，要用智慧與愛去引發。

傳統的觀念說「孩子就是一張白紙」，如果孩子是一張白紙，即表示白紙上面什麼東西都沒有，白紙講快一點不就變成「白癡」了嗎？這種觀念認為孩子什麼都不懂，所以就要被安排很多的學習；要叫他學這個、學那個，賦予孩子很高的被期望，因為他學了就要會表現；比方他學音樂，他回家就要「彈一首歌」給父母聽，才會知道他學到什麼；去學英文，父母就希望他能「講一句英文」來聽聽，才會知道他到底有沒有學進去；學了美術，父母就希望孩子能夠「畫出一張比較像樣的圖」，才知道他有沒有進步；學舞蹈，也是一直重覆老師教的動作來準備期末上台表演。在這樣的情況下，孩子一直被期望要表演，教學的設計也是在「技術」上不斷重覆演練，孩子幾乎全是用抄的，用背的方式，死死地記住老師說的、父母說的；有偏差或有創意時，孩子少不了被責備一番。不愉快的學習變成懶懶散散的「被動式」，當孩子發現學習是痛苦的感覺時，就有可能「放棄學習」。

這種不快樂的被動學習，會造成孩子沒信心。因為他從來不知道可以為自己做什麼？也從來不知道自己為什麼要學這些東西？他內心有一些渴望做他喜歡的事情，但大人又不一定會允許他去做。這種長時間沒有信心又被動的學習方式，造成日後他在社會上只能扮演一個服從者或反對者，內心是矛盾與煎熬的。

他將來即使大學畢業了，一樣繼續在尋找「接下來還有誰要我做什麼」；於是有人選擇「用民意」來告訴自己要打拼，卻又發現自己被民意愚弄而痛苦；有些政治人物就是這樣陷入了被脅迫的政治矛盾而無法自知，他現在到底在反對什麼、為什麼要反抗、他也關心民意啊！其實他是在抵抗自己的潛意識，反對自己被一再的領導。這從他童年成長經驗即可探索，所謂「從小看大」。

大部分的人只能填一張「履歷表」求人家賞一碗飯吃，這樣不好嗎？其實也沒有不好，我們社會也需要這樣的人——聽話的人，乖乖做一個服從者（反正從小就是模範生）；替長官執行理想，也算是對國家有貢獻。但最怕的是，有創造力又不乖的人卻要他當一個服從者，就難了，長大後他一定會反抗；這種孩子就要用發展的觀念來培養成為有智慧、有愛心的領導者。

發展式兒童藝術的觀念——孩子是具有智慧的生命體

發展式兒童藝術的觀念認同孩子是一個具有智慧的生命體，我再說一遍：「他是一個具有智慧的生命體。」孩子本身就是一個有智慧的生命體，如果你跟我一樣也認同這個觀念，我們就會用智慧的方法引導他的智慧再發展；你就不會隨便羞辱他，用沒有智慧的方式跟他講話。你將會提供很多他可以主動探索學習的機會。你也會感受到他需要被尊重、被關懷。

於是長時間在自我探索的過程裡，孩子將會得到很多的自我成就，他的學習會變成主動，成為一個主動的人。當他發現自己喜歡什麼時，他就會去執行什麼，他會讓自己的想法變行動；他也會很願意將這種自我成就回饋給社會，並體諒與支持

別人也可以有自我成就；他是懂得互相體諒的人，於是他在社會上就有機會變成領導者，一個有智慧有愛心的領導者。

我的兒子將會是個好爸爸

對孩子看法不一樣，就會影響整個課程的設計，發展式的教學相信孩子是有智慧的，所以在團體活動的課程設計是從三歲開始，而我的孩子是從胎教就開始。我與我太太不斷地去跟她肚子內的智慧生命體做互動，唱歌、講話、撫摸。孩子出生以後，我們很快樂得跟他講話、逗他笑、唱歌給他聽；我們喜歡抱著他、看他睡著那份安全甜蜜的可愛樣子——我覺得自己是好爸爸。我們也帶他到戶外去接受大自然的親親，風輕輕地吹摸著孩子的臉，樹葉沙沙地唱著，清晨的陽光明亮而有精神。我們住在新店的山坡上，雨天我會撐一把傘，讓他聽雨水打在傘面的聲音；晚上抱著他到草地旁邊去聽青蛙發出呱呱呱的聲音。等到他會走路時，我們會一起去爬山，一起試探別人沒走過的山路；我們一起打球，放風箏；我們一起逛街，欣賞櫥窗；我們一起看戲，聽音樂會；我們還會一起煮飯……。

我們家老大被我用「發展式的精神」在實驗，他成為一個勇敢而且非常有感

情的人，雖然做功課的動作慢一點，但他是非常、非常有感情的孩子。在學校他願意幫助同學。有一次中午放學時，有一位小朋友沒人來接；他給他二元打電話給家人，並且在學校門口陪他，等到他家人來接，他自己才回家。

其實這種孩子很好帶領，你動之以情，他就很容易跟你配合，因為他會探索自己，他知道自己的能力；他會探索環境，也可以配合別人。但我必須承認他終究還只是八歲的孩子，所有孩子有的缺點，他也會有，比方：挖鼻孔、寫功課拖拖拉拉、跟弟弟吵架、感冒咳嗽、放屁時還露出得意相啦！但我還是很滿意他，我也相信再長大一點，他會表現得更好。當他抱起二歲妹妹餵奶瓶時，他臉上泛起自信溫暖的表情，我相信他將來會是一位好爸爸。

五段式教學法介紹

發展式兒童藝術教育分成五個段落來進行。

孩子在小班時，他的專注力大概只有二十分鐘，十五分鐘很正常。中班的孩子，三十分鐘了不起，二十分鐘很正常。大班的孩子專注力四十分鐘，三十分鐘很正常。就連大學生上了五十分鐘的課，也要下課讓孩子動一動，對不對？所以孩子玩一下就不玩了，你不要認為他不專心，因為他的專注力是有限的。有些是屬於過動兒或感覺統合失調的孩子，他幾乎每分鐘都停不下來，兩隻手兩隻腳連帶屁股隨時都在動，會干擾到上課進行，我們會跟他的父母談，並提供相關資料轉介到專門輔導機構。

第一階段：暖身暖腦

我們的課程設計是一堂八十分鐘，分成五個段落進行。每堂課前面的十五分鐘到二十分鐘，我們會一起與孩子做第一階段的「暖身、暖腦」：跟孩子一起唱歌、玩手指遊戲、變魔術逗孩子高興、跟孩子在地上爬；或講故事給孩子聽、玩猜謎；我們跟孩子談一談他旅行的經驗；或孩子身上有瘀青，我們就會跟他談一談，你為什麼會瘀青；有些孩子一上課就趴在那邊想睡覺，我們就會跟他聊為什麼他那麼累，是感冒了，還是太晚睡了？跟孩子聊天是很大的享受；有時也從聊天中了解他父母的相處情況及管教方式。到了放暑假前，我們就會跟孩子談一談去玩水時，要注意哪一些安全的問題等等。

在上課使用工具前，讓孩子「動動腦」，想一想生活有趣的事情，也適當提供正確的生活常識與經驗，孩子會覺得溫馨有趣，並感受到你在關心他，也有利於創作的動機。

「動動身體，動動手指頭」的遊戲，有利於他掌握工具的靈活使用，所以工作前暖身暖腦是很重要的。在團體遊戲中也會發現孩子的個別差異及社會適應的問題，都可以與家長再分享；這是我們美勞課非常重要的課程。

孩子來我的工作室，他不一定真的很喜歡畫圖，反而喜歡這個團體活動；因為這個團體遊戲帶給孩子很多的快樂。我跟大家介紹一下，就是透過一些可回憶的經驗、可思考的方式、可判斷的事情、可組織性的教具、可聯想性的遊戲、可反應性的活動；透過描述的、討論的、觀察的、觸摸的、感覺的、分享的、認知的、說理的方式來進行。

其實幼兒園老師有非常好的能力與經驗去帶動這個遊戲，所以我工作室的老師大部分是學幼兒教育的，小部分是學美術的，甚至兩者皆非的；其實只要老師的個性活潑、喜歡孩子、有責任感、身體健康，再接受美學的訓練，他就是很棒的幼兒美勞老師。

第二階段：材料的介紹

孩子的情緒帶起來以後，我們接著進行第二階段「材料的介紹」。我們只講材料的「安全性」及「材料的特質性」，而不做樣品給孩子模仿；比方紙黏土課，我們絕對不會做一個杯子給孩子看，然後叫大家都做一個杯子，絕對不可以這樣子做。我們是把紙黏土拿來搓、揉、敲、打、壓、捏、拉斷了再接起來，不斷地讓孩子發現材料特質。

我很喜歡逗小班的孩子，就是把紙黏土搓成長條，把它放在我的鼻子上，然後學大象「哞」地甩鼻子；紙黏土就會斷掉，斷掉的那部分有時候會飛起來，然後黏在牆壁上或天花板上面，有時候還會飛出去掉到孩子座位前面，孩子高興地東倒西歪；他們會一再要求我這樣子做。我還會把紙黏土繞成一個圓圈，掛在脖子上變成一條項鍊；繞在手上變成一隻手錶；繞在額頭上變成天使；或把它敲得扁扁的，用手掌搓二個圓球當眼睛，這樣就變成一個臉譜了；或順手一抓又變成一隻可愛的動物等等；再順著愉快的氣氛一直千變萬化；我的目的就是要讓孩子知道，紙黏土是很調皮的，紙黏土是很好玩的。就好比我們帶孩子去學游泳，一定要先讓孩子學會

親近水那種快樂的感覺，孩子先不怕水才有可能談游泳的姿勢。

所以讓孩子學畫，就是要讓孩子先親近美術材料的特殊性，先覺得好玩才有可能談指導與深入的問題。水彩本身的延展性跟渲染性非常好，彩色筆在做線條的運動有很大的方便，陶土的立體效應給人很大的成就感；我們對材料的介紹，一定要深入材料本身的特質，**材料本身會跟孩子們說話，材料的特質就會引導孩子的特質**。希望透過我們的引發，孩子會很喜歡操弄這些材料，這是我們的重點。

當孩子完全認識與了解這個材料的特質後，他拿到材料就會玩出自己的成就感；而不是像很多人畫在黑板給孩子臨摹或拿圖片給孩子抄，或做好一個成品給孩子羨慕，然後說等一下大家來做這個東西；這樣對孩子是很沒禮貌的。

第三階段：自由創作

第三階段是「自由創作」。孩子在自由創作的時候，老師就坐下來了，跟孩子們一起靜下來，陪在他們身邊看著安全問題，但是不去干擾孩子。孩子們用他們自己的方法玩老師給的材料，老師別跟孩子講這邊不對、那邊不對，這邊要加什麼、那邊要加什麼，不要囉唆，讓孩子專心的工作。但是老師要眼觀四面耳聽八方，隨時用你的眼神去觀注孩子；因為孩子的眼神隨時會來搜尋老師，有時候他畫得很快樂，就會拿起來給你看一下；有時候孩子也會有些奇怪的動作，比方把水彩拿來嚐嚐看、拿剪刀剪別人的衣服……等等的危險動作，老師就要及時去糾正並制止。

我們講創造力就只有兩個規則，一個是不傷害自己，另一個是不干擾別人；在這個原則下讓孩子盡其在我。

第四階段：分享欣賞指導

再來第四階段是「分享」。孩子們畫完圖的時候，一定會分享。過去我會做共同分享，也就是把孩子們畫完的圖，拿起來對其他孩子們講「看這張畫的好不好」，結果發現所有的孩子千篇一律都說「好醜喔」；孩子們對別人的作品表現得很不以為然；但學齡前的孩子是很在乎自己的，他還沒能力要跟別人做分享，所以我們就不這樣做。

我坐在前面的位子，讓孩子來找我；他畫完了就會說「老師，我畫完了」，我就給他一個鼓勵的眼神、給他一個手示，請他拿著他的作品過來跟我一起分享。有的孩子一屁股就坐在我的大腿上，有的卻害羞地不太敢過來。我會依據自己的美學

修養，還有對這個孩子的了解——他只是來上第一堂課，還是已經來一年了；如果這個孩子還有足夠的能力再往前推，我就會再推他往前，讓他的能力全部出現；如果孩子只是剛來上幾堂課，他還怕怕的，那畫完就畫完了，給他一張新的紙再玩。可是有的孩子會說我不要了；不要就不要，也沒有關係，因為他真的沒有準備要再畫；你再給他一張紙強迫他畫，他也是隨便畫一下。

畫完圖，要不要問孩子畫什麼呢？我們尊重孩子的意願，當孩子願意講給我們聽，我們就認真聽；孩子若不願意講，就尊重他有不講話的權利。其實很多時候孩子在畫圖時，並沒有想那麼多，常常是配合大人需要才塞一個答案，也許過兩天他又有新的講法了，變成看圖說故事。小朋友畫完的圖，我們統統用曬衣夾夾在牆上的鐵線上，一方面晾乾，一方面下課時給家長們欣賞，事後全部保存到學期末再一起發還，作品背面寫上孩子的編號及畫作日期；一學期下來將作品全部攤開來看，就知道孩子有沒有進步了。

第五階段：禮貌、責任與清潔

第五個段落就是「禮貌、責任與清潔」。我們希望小班的孩子也有能力把他使用的桌子擦乾淨，把他畫過水彩的水拿去倒掉，把他使用過的工具都放回原來的位置；並且跟老師說謝謝。當然這是共同的學習，孩子們必須同一時間下課；有的孩子會先收拾完畢，就讓他在教室做他想做的事情，比方看書、摺紙等，只要不危險，不吵人就好；下課時孩子請媽媽進來一起欣賞他的作品。

每個孩子都是藝術家

以上就是「發展式兒童藝術五段教學法」（簡稱「發展－5」）：第一個是暖身暖腦。第二個是材料的介紹。第三個是自由創作。第四個是分享。第五個是責任、禮貌與清潔的工作。提供給大家做參考。

孩子跟在我們身邊，長時間跟著我們這樣走，我們發現他不但會畫，而且畫的比老師還要好。在小學以後就以「美學的觀念」及「哲學的探討」帶領孩子走入藝術的領域；比方，色彩學的實驗、造形材料的開拓、雕刻刀的使用、素描的加強、水墨的探討，電鑽、鋸子、鐵釘與木塊的搭配、陶的各種捏塑，是全方位的學習，進階性的成長；到六年級時，則會安排油畫創作。因為我覺得孩子們個個都是藝術家。

發展——5的精神

從三歲塗鴉到十三歲繪油畫，似乎是難以置信的事實，但每個孩子都做得到，我們帶孩子進入藝術的殿堂，而不只是兒童在繪畫而已。在藝術美學的帶領下，孩子與大人學會了照顧自己也會與別人分享，這就是發展—5想說的，也是人性發展的教育。材料不再只是材料，陶土、顏料成了我與孩子做朋友的媒介物。智慧與愛是教室的內涵。快樂與貼心是教室的氣氛，這就是發展—5的精神，這裡面沒有技巧的浮誇，只有真心的對待。

發展——5的教學形式

如果是一個普通的孩子，因為他有這個愉快的經驗，我們希望他將來一輩子都跟藝術做好朋友。他長大後當了爸爸媽媽，繼續帶動他的家庭跟藝術做好朋友。這就是我期望的。如果他是一個有天分的孩子，我們希望他超越老師做個高尚的藝術家，將藝術的美麗與寬廣沖淡社會的不安與緊張。這正是發展式兒童藝術五段教學法帶給孩子的意義。

「教」的目的，是將孩子的能量放到最大。（有經驗可接受難度挑戰的孩子）

「不教」的目的，是讓孩子用自己的方法做自己能做的。（沒有經驗，未能接受難度挑戰的孩子）

「示範」的目的，是讓孩子了解材料的特質性與安全性。（而非讓孩子抄襲）

遊戲帶動教學法，用遊戲的方式讓孩子自己快樂地玩。（適合小班）

材料動力教學法，讓材料與孩子對話，孩子就知道怎麼玩。（適合中班）

主題式教學法，用主題討論幫助孩子整理生活經驗及工作品質。（適合大班）

發展式五段教學法，用五個段落讓孩子發展自己的想法與經驗。（適合所有對象）

◆家長提問◆

Q：我孫子的鉛筆畫得很好，但是色彩塗上去就不見了？

A：鉛筆畫完不一定要塗顏色。所有的藝術作品，在繪畫的過程裡面，都會用到各種不同的素材，而鉛筆是最直接的素材。鉛筆本身就是一種獨立的素材，就叫「素描」，素描在一般觀念就是不再加色彩。

鉛筆的使用是多變化的，如果用力一點、線條密集一點就比較暗，輕一點、線條稀鬆一點就比較淡。就如同國畫的水墨一樣，可以做明暗層次的變化，在線條運用上面可做直線、彎曲線、也可以是雜亂無章的線畫。

一支鉛筆就可以作畫，大人不用刻意要求一定要塗顏色。我們發現有些老師教水彩畫的時候，要求小朋友先用鉛筆畫輪廓，再塗上顏色。包括彩色筆也是一樣先用鉛筆打稿，其實是不需要的。水彩或彩色筆拿起來就直接畫了，大人因為怕孩子會畫錯，就叫他用鉛筆先畫輪廓，所以孩子在大人認定他會畫錯的情況下，他就邊畫邊擦，而且東西都是小小的。

我們發現用彩色筆畫圖的孩子也不愛上顏色，因為這是材料本身的特性，彩色

筆畫線很方便，但要塗滿顏色就要花很多時間，而且畫紙很容易磨破，因為彩色筆的筆頭是硬的，不是軟的。如果家長希望孩子塗顏色，建議你不妨給他水彩。針對不同的材料，給孩子做不同的表現，這樣對他大腦的刺激有幫助，對人格的啟示也有不一樣的地方。

依材料的特質性來使用，才是正確的觀念。不是千篇一律的說，他只要畫圖就一定要塗顏色。就像人穿禮服很好看，但是游泳的時候總不能也穿西裝吧！讓他在不同情況的時候，可以把衣服有脫掉的機會，比如游泳、洗澡、泡溫泉時是可以不穿衣服的；但是去餐廳、看歌劇、聽音樂會穿西裝禮服比穿汗衫來得恰當；不同的情況做不同的轉變。在美術材料上的使用，也要有這樣的認同。

Q：孩子在小學時候參加繪圖比賽有得到名次，國中以後反而不被老師肯定了；要怎麼鼓勵他繼續畫圖？

A：我想要跟這位家長分享的是，不要小看你的孩子，在人的成長過程，其實挫折是隨時在等待著的，這些在前面我也談過；做功課、考試都有挫折，將來離開學校以後，還有事業、婚姻、家庭等等，人生不斷有挫折在等待。家長們不要小看自己的孩子，在學校受一點挫折，你不要緊張，這也許是他將來成長最好

的一個激發點。但爸爸媽媽的態度永遠要站在孩子的立場，為孩子思考問題。當孩子在外面受到委曲回來，你一定要讓孩子知道：「他在你的心目中，永遠是最好的。」這樣就夠了。不要太在乎老師給孩子的否定，除非那位老師本身精神狀態已經不適合當老師了，你就要很清楚的向學校反應。如果只是一般言語上不太肯定的批評，不是人格的侮辱、或是人身的攻擊，我想不用太在乎。別人不肯定我們的孩子，我們來肯定自己的孩子；我們把孩子的畫統統貼在牆壁上，去裝畫框，統統寫上第一名。像我曾講過的，在學校就是把它當做功課；在家裡就用自己的方法，盡量在安全的範圍內，讓孩子做他自己的國王。把這兩者稍為錯開一點，畢竟我們是無法掌握學校老師，就像有人說「吃苦當作吃補」。

12 美術才藝班的混齡教學

美術才藝班將混齡的孩子放在一起學習，到底是好還是不好？現在有些幼兒園有所謂的「混齡教學」，就是把三到六歲的孩子放在同一間教室上課；大的可以照顧小的，小的可以跟大的學習，這是一種社會行為的互助跟學習；這個觀念放在美術創造力的教學就不太適合了。

創造力是屬於個人性發展的活動，也是屬於獨立不受別人干擾的活動，所以「大孩子去照顧小小孩」的觀念就要拿掉，這是不需要的。大孩子在做創造力活動時，他必須要很專心做自己的事，他不需要去管小小孩畫什麼，也不應該要去教小小孩怎麼畫；而小小孩可以按照自己的方式做自己喜歡又安全的事，也不應該受干擾。就像在某些家庭裡，小孩們一起畫圖的時候，你發現姊姊有時候會去管弟弟妹妹，她會覺得他很笨或他畫得很醜。弟弟妹妹就會對自己沒有信心，想要去學姊姊，這樣的情形就完全背離了創造力的原則。所以**混齡一起畫圖反而是一種干擾**。

混齡的學習在創造力課程是不適合的，應該要讓小小孩能夠用自己的方式去創作，那麼大孩子也可以專心照顧自己。但是對社會行為的發展來說，他們是有互助作用的。

在美術才藝班或安親班有時是為了方便招生，勉強湊成一班的人數，而將大小孩都放在一起上課，其實這是很困擾老師的事情。

第一，孩子的理解力差異很大，會影響課程說明的精彩度。

第二，大、小孩子掌握工具材料的經驗及手肌肉的靈活度也不同，老師很難掌握課程的方向進度。

第三，大孩子看小小孩很幼稚，小小孩又會羨慕大孩子，結果彼此都退步了。

人性化的教育分享

很多家長常常跟我說：「孩子常常要我畫給他看，可是我又不會畫，怎麼辦？」

其實只要環境開放，孩子本身就會投入。

另一個家長們常問的問題是，「外面的才藝班都很貴，我們家又住得比較遠，我想要自己教要怎麼辦呢？」

當然如果你能找到一個適合孩子學習的環境，有專業的老師在引導，孩子學習的經驗會累積，他就可以不斷地發展上去。如果想要自己教，事實是許多父母在孩子面前常常修養不夠，沒有耐性，材料的收集也沒有那麼多，而且難度不容易掌握。所以又有很多家長問我，「許老師有沒有可能來教我們，然後我們在家裡就可以教孩子了。」

其實我們工作室除了有小朋友繪畫活動，也有為媽媽們以及幼兒園的老師們，做美勞師資的培訓。另外也有「媽媽油畫」、「陶土創作班」，尤其歡迎阿公阿嬤來與藝術做朋友；台北市以外的教室及假日藝術生活廣場也在籌備中。

沒有繪畫基礎的人會跟我玩得更快樂、更自由，不用擔心，我說過我專教沒有繪畫基礎的人，材料本身就會跟你說話，帶著一個健康的身體及愉快的心情來上課，就是最好的準備。

願天下的孩子及家庭在藝術精神的陪伴下，擁有健康、快樂、平安與幸福。

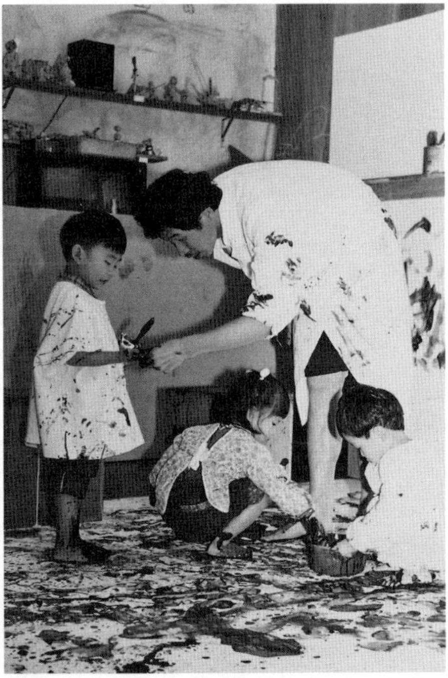

我和孩子一起開放自己的心

三 藝術教育之分享與應用

美學，就是讓自己感受到很舒服的狀態。
飲食有美學，就是吃喝得很舒服又健康。
生活有美學，就是日子過得很舒服又多彩。
旅行有美學，就是行程安排得很舒服又平安。

經濟有美學，就是賺錢花錢運用得很舒服又安心。

藝術當然也有美學，就是在舒服的狀態做自己喜歡的事。

藝術的美學，就是人與人，人與物，人與周遭環境的和諧關係。我們藉用藝術的媒材特性打開孩子的想法，並鼓勵孩子認真去完成自己的想法。這樣的概念讓孩子在接觸藝術課程時，可以很自在地做自己，並且獲得成就感。我們希望他在每一次創作的過程中能累積愉快的思考經驗，進而發現所有事情都是有可能的；解決問題的能力因此增強。

人生難免會碰到困難與挫折，心中有美學的人有能力轉化心情、舒緩壓力，並將危機化為轉機，人生也不容易失敗。這就是藝術教育將帶給孩子的最大意義。形狀像不像，色彩對不對，就不是那麼重要了。玩得開心安全才是整個藝術教育美學的建構。

13 遊戲像一面鏡子，從孩子身上找出管教的方法

有人說：「兩個女人加一隻鵝，就變成菜市場。」這個意思大概是說，其中一個女人是賣鵝的老闆，一個是要買鵝的女人，加上那隻要賣不賣自己不能為自己決定的鵝就熱鬧了！教育不像菜市場（教育市集Market of Education），天天採購，天天開心，孩子功課不好、孩子不乖，就到樓下超商買「教育麵」回來進補；而是從孩子身上找出管教的方法。

孩子不是被塑造的

很多父母都想用自己的想法去塑造孩子或安排孩子的未來，父母變成了「雕塑家」，耗時耗費的塑造半天，結果發現孩子也不像自己所想要的樣子，卻傷了彼此

的心。刻意捏塑出來的就不是孩子本來的東西，我認為應該給孩子機會去發展他自己的特質，這樣比較有意思；比較符合天賦的觀念。

管教的方法從孩子身上找

教育這個字以德文來講是「Erziehung」，它的另外一個涵意字「ziehen」動詞，就是「牽引、拉拔」。我們很容易就可以了解教育的內涵；**原來學校的教育環境或家裡的生活環境，是讓孩子的潛能及人性可以展現出來的地方，不是大人一直塞東西給孩子，讓他有壓力的地方**。在台灣的教育，是教之育之；「教」、「育」都是第四聲，感覺上都是丟東西給孩子，孩子只是捕手，父母、老師是投手。

家長本來不知道他們自己有這樣的問題，反正孩子喜歡畫圖就找一位老師「教」，我們在上課時會發現一些孩子的生活習慣及創造力有偏差的行為；而這些行為的來源常常是從家庭和父母本身的價值觀，及家庭或婚姻關係發展出來的；當然也有的是先天生理缺陷造成的。當討論這些問題時，家長就著急了。

最難的問題就在這個地方，因為你給了父母教「孩子的方法」，剛好就掉入

「方法的限制」裡面，這個問題很吊詭。你只能讓父母有機會去「思考」，而不是要給方法，因為**方法一定要在孩子身上找，而不是從我身上找**。就好比我要回國時，我的教授跟我說「要忘記在維也納所學的東西」，我要重新在台灣找。台灣有台灣自己的價值觀，父母有父母的價值觀，還有台灣孩子接受海島文化特質性的問題。

所以在談教育的問題時，我們都明白「教育是百年大計」，既然是百年就不是一天、二天的速成班，不是說今天去學傅培梅的烹飪，反正蛋先打也行，飯先炒也行，最後不是飯炒蛋，就是蛋炒飯，都沒有關係，鹽巴少放點就不鹹了嘛！教育不是這樣子的，每個孩子都有不一樣的特質，**雖然每個孩子都承襲了爸爸媽媽的遺傳基因，但他的基因發展，其實還是靠後天的環境在刺激**。所以，很多父母常常和我討論，「我的孩子怎麼樣、怎麼樣」。我說「你要不要想想看，你自己是不是也是那個樣子」。我常常看到父母的表情是尷尬大笑，要不就是低頭不語，當然也有頑強抵抗，永遠不承認自己有問題者。

所以德文有句話說「Spielen ist Spiegel」，「Spielen」就是遊戲，「Spiegel」就是鏡子，也就是說「遊戲像一面鏡子」。**孩子從遊戲中反射他的行為或者他的語言；**

你會發現「他這些話」是從那邊學來的、「他這些動作」是從那邊模仿過來的；如果你對你的孩子很滿意，你的孩子也很快樂，我們真的要恭喜你，你的教養方式是符合兒童的發展原則，所以他也會讓你覺得很貼心，很滿意。

就像你自己在照鏡子一樣，你看到鏡子裡的你長了一顆痘痘，難道是鏡子上面有痘痘嗎？還是你臉上先長了痘痘，鏡子才反射出痘痘。喔！是你臉上先長痘痘，你才會從鏡子裡看到痘痘。所以**你不滿意孩子的行為時，你得先好好反省自己**。

當我跟媽媽們在談孩子的問題時，我都會先放下孩子的問題，先談父母的問題；因為父母的問題又來自於家庭與婚姻的和諧程度，還有三代之間、公公婆婆住在一起的問題。

大齒輪與小齒輪

大齒輪轉一圈，小齒輪就轉好幾圈。這就好像我們的教育制度一樣，大學聯考先解套下才有鬆綁的機會。所以，要談「我怎麼去教導我的孩子」這個觀念的時候，我們得先把爸爸媽媽弄得快樂、輕鬆起來，**父母本身要先放下生活的壓力，還**

有自己童年時被你的爸爸、媽媽所灌輸的價值觀要先解開，解開之後，你的孩子自然就快樂。因為孩子非常實際，只要對他有幫助的，只要他覺得好玩的，他就會完全配合。

當然我們小時候跟現在孩子的成長環境是完全不一樣，從前大自然提供給我們非常多學習的素材和對象，每個東西都可讓你發展出創造力，還有自我保護的能力和群性的關係。現在的孩子都關在三十坪大的空間裡，他玩的東西，基本上都是大人買的，都是別人設計過的半成品；儘管這些玩具強調的是創造力、組合力，但是人性互動的部分，這些半成品玩具不會跟孩子互動。我小時候在鄉下，牛的大便都可以當做遊戲，大家撿一顆石頭拚命丟，看誰丟得比較準，或是爬樹、追貓咪、拔雞的毛。拔雞的毛是因為釣魚要做浮標；因為羽毛中間的梗是空的，會浮起來；然後用牙膏的鉛管當鉛塊，釣魚線才會沉下去；到菜園挖蚯蚓當餌。從小就跟大自然學手眼協調的課程。

放大鏡與風箏

你不給孩子空間他是不會長大的，光讀書孩子是不會長大的；因為我們要他長大不能只是給他吃、給他喝，讓他長得白白胖胖那又怎樣？給他讀了很多書，頭腦裡塞了很多別人的知識那又怎樣？考試考一百分，但看到人不會打招呼，那又怎麼樣？**我們教育孩子要往未來看，是要看二十年，我常和我的家長談，我會送給你們二個禮物：一個叫放大鏡，一個叫風箏。**

這個放大鏡是「二十年的放大鏡」，孩子的行為現在到底是錯還是對？你要鼓勵他、讚美他、還是要罵他，用這個二十年的放大鏡照照看，就會很清楚你現在的立場是什麼；如果他現在的行為對他二十年以後（他大學畢業，在社會工作了）還有價值，你現在一定要堅持到底，而不要管專家怎麼說，因為孩子是你的；專家的理論總是非常理想，可是他自己的孩子可能也沒帶好。孩子是自己的，別人的話只能當參考用；包括我們帶孩子去看小兒科，醫生給的一些診斷，你都只能當做參考用；因為孩子是你自己的，你最了解你的孩子。孩子在你身邊，他快不快樂，將來對社會有沒有貢獻，真的都是父母在影響他，而不是其他任何一個人，其他的人都只是陪著他在成長而已。

我送你的**「二十年的放大鏡」就是：孩子講話有禮貌、身體很健康、很有責任**

感，不管他將來到美國、加拿大、歐洲，世界任何一個地方，這些社會行為都很重要；他有時間概念，這必然也促成他將來在社會的成就，這是很有價值的工具。趁孩子還小，父母要多鼓勵他這些一輩子都很重要的人格養成教育。

反過來，他沒有責任感、沒有禮貌、東西都亂丟、玩具也不會收，哪怕他英文講得呱呱叫、電腦很厲害，這才真的要擔心。他將來可能造成社會的困擾，這是更麻煩的事情，這一點跟大家分享。

「二十年的放大鏡」照一下，就知道我現在應該鼓勵、支持他這個行為；還是其實無所謂，沒有關係慢慢來，不要急，因為這不是明天就一定要處理的事情。

另一個就是「風箏」，我們都知道玩風箏時，風來了我們就要放線，風箏才飛得高；可是風也有停下來的時候，風箏就會慢慢掉下來，怎麼辦呢？要趕快把線扯一扯、拉一拉、收一收線，距離縮短了，風箏才能再繼續飛。

媽媽爸爸就是這個放風箏的人，風來的時候就放線，風停的時候就收線。所以孩子們有機會表現他自己的時候，你得在安全的顧慮下，百分百的放開。比如畫圖，有一次水墨畫家朋友說：「他用紅筆畫竹子，人家都笑他，哪有紅色的竹子。」他就反問那些人：「難道有黑色的竹子？」後來他發現在台灣真的有紅竹，也有黑竹。孩子把老虎畫成綠色，到底有沒有關係？沒有關係的，父母真的不用管。因為打開大自然界，深海裡有多少種魚，是你我沒有都看過的。**世界上沒有一個模式叫做，「什麼東西應該長成什麼樣子，什麼東西應該是什麼顏色」**。

但若碰到是知識學習的時候，就要給孩子正確的觀念。面對創造力的表現，大家不妨放輕鬆，給孩子多一點想像的空間；當孩子有能力去表現他的智慧的時候，要百分百放開他，讓他去表現，大人不要干涉，你只要管他的安全問題、責任感及禮貌就好了。

最後再提醒一件事，如果是會影響到他日後正向發展的事情，就得現在把它做好；千萬不要說，反正他還小。台灣有句俚語說：「細漢偷拔瓠，大漢偷牽牛」，像這樣做人的原則性是從小就要教好的。

讓孩子好好地玩

很多孩子在玩的時後，媽媽都會擔心地說，「你都不讀書，一天到晚都在

玩。」甚至有一句話說：「玩物喪志。」可是在學齡前的階段，大人又拼命買玩具給孩子玩，惟恐他不會玩，拚命鼓勵他玩，一到小學又不希望他玩。所以孩子在小學時會覺得很困擾。

我認為只要一個人一輩子肯好好地玩，玩出他的專業，玩出他的品質，他必然是社會高成就的人。大家都在玩，看誰玩得比較專業，看誰玩出自己的智慧，看誰玩出社會的大愛。李遠哲有沒有在玩？他玩出了諾貝爾獎，他玩什麼東西？他玩物理、科學那些東西。大提琴家馬友友有沒有在玩，他就是玩那把琴。好好地玩，對整個世界就是一種貢獻。許榮哲有沒有在玩？他比誰都愛玩。文學家、藝術家、數學家、政治家、音樂家……大家都在玩，但是要玩得誠懇，要玩得有責任感，要玩得專心，並且玩得安全快樂。如果你不讓孩子玩，他這輩子絕對不會有成就。

認真，是一種態度。玩，是一個潤滑劑。每件事都讓孩子以遊戲的方式去進行。讀書也可以用遊戲的方式來讀，而不是孩子寫一個字，父母看不順眼，就用橡皮擦掉一個字；很多父母還會罵「你看已經晚上十二點了，還有很多功課沒做好，你就不要去睡覺」，就這樣讀書愈讀愈「輸」了。這樣子孩子的書讀不好，也不會想去讀；其實今天不背書，明天再背又有什麼關係呢？這輩子還有很多機會，急什麼？先把讀書的樂趣培養起來，硬逼出來的一百分破壞了親子關係，只有令人遺憾；二十年後才知道原來那樣的分數都是假的。

人對社會最大的貢獻，就是他小時候玩不膩的那些東西。其實我小時候，最大樂趣就是在牆壁上塗塗畫畫，以及在海邊的沙灘發現我自己；還有在田裡又抓又捏地玩泥巴。我現在也是在玩這些東西，而且還要繼續玩下去；因為這樣玩對社會是有幫助的，而且我樂在其中。

我再舉一個例子，有一位家長帶了一個四歲的孩子到我工作室。上水彩課時，我們希望他把水彩畫在紙上，但他把水彩全擠在水罐裡面，弄得滿手、滿桌子都是顏料。

媽媽一進教室就擔心地說：「哎喲！許老師，我的孩子怎麼弄成這個樣子？」

我說：「恭喜。」

媽媽：「為什麼？」

我說：「「因為他敢玩，他會玩。」。

一般來說大家都會懷疑是否我的孩子太調皮了，我就要恭喜你了，因為**調皮的**

孩子代表兩件事情，第一個「身體健康」，第二個「頭腦聰明」；有些智弱、身障的孩子受限於生理，他們是沒有能力調皮的，想要調皮的機會都沒有；所以我很支持孩子的頭腦可以調皮，儘量在創造力上、畫圖上去發揮。但是我也要再次強調，孩子的學習態度、責任感、禮貌就請父母多關心，不然孩子這種不負責任的調皮會造成自己與別人的傷腦筋。另外也有一部分的孩子乖巧、潔淨、可愛，上課時，他就坐在位子上，連看老師都不看，就對著一張白紙發呆，你給他筆他不要，他的手就放在桌子下面；你說他很乖嗎？他的確是夠乖，乖到有點怪，你給他東西他連玩都不敢去玩，這樣的孩子如果大人再不調整自己的觀念與環境，你期望他將來到社會上會有所成就嗎？他會是一個快樂的人嗎？

調皮的孩子才是老師的光環

這並不是對玩有沒有慾望的問題，而是「我自己不認識我自己」的問題，他根本就不了解自己可以做什麼；反正時間到了，你餵他東西吃；時間到了，你叫他去睡覺；時間到了，你叫他去玩玩具，實際上他是被人家支配的，聽到命令才知道要做什麼事情。

有位學校的老師曾問過我，他任教的學生中有個孩子真的很壞，聽說我小時候也很壞，老師問我有什麼方法，可以讓他不那麼壞。當我在談我童年成長的時候，你們有沒有發現一件事，**我頭腦調皮，但是我行為不搗蛋；因為我的家教很講規矩**，所以媽媽支持我，爸爸不太管我。對這種孩子不是要用「管」的方法，而是要「動之以情」，你愈想管，他就是愈壞，因為你認為他一直在抵抗你，他會讓你看到他的壞，是因為他不符合你的期望嘛！不符合你的教室規則，所以你才會認為他壞，因為他跟你在做一個相反的動作。

事實上，以老師的角度來看，他是在破壞你的教室規則，或者是破壞整個學習氣氛；可是你有沒有為那個孩子想一想，他為什麼要抵抗這個環境，他是不是在述說一件事情，如同我前面說的鏡子反射的問題：第一，可能老師上課的方式根本就不適合他；第二，老師上課的同時，可能點醒他很多想要表現他自己的動機；第三，孩子本身的生理問題，比方，他可能是過動兒或感覺統合失調，這樣的情況他是不能自我控制的。我的教室有碰過過動的孩子，通常我都轉介給更專業的機構來處理；等一段時間之後，再讓孩子回到教室做正常的學習。

但也有孩子是故意要為難老師或父母的情況，為什麼？經過我與孩子誠懇對談後，我發現常常是大人疏忽了孩子的感受，所以導致孩子情緒反彈；或是大人誤會了孩子的表現，所以孩子乾脆自我放棄；不當的責備孩子所造成嚴重的後果，是孩子用自傷的方法來報復大人的衝動。這些孩子的頭腦都不是笨的，要小心喔！

我們必須要去承認，**老師不能用強硬的態度去處理調皮的孩子**，因為那樣只有增加老師與孩子的挫折而已；孩子還是會犯錯，大人還是會修理他，惡性循環，你要認同這樣的孩子是聰明的，健康的，那麼去了解、發現這個孩子的聰明點，在安全範圍內支持他表現出來，並且帶著他一起做。他必然因你了解他，而從抵抗轉為崇拜，變成你最得意的學生。就像有人說的：調皮的孩子才是老師的光環。

請老師真心愛你的學生

很多社會問題都是源自於家庭，表現於學校，發展於社會。一般來講在學校不被肯定的孩子，基本上在家裡也很難被肯定，所以他們就走出教室外。比方，他到電動玩具店跟機器挑戰，得到成就感；或飆摩托車去得到另外一種成就感；他們彼此互相肯定對方，甚至以傷害別人來證明自己是有種的人，種愈大就愈是大哥樣，愈受到崇拜，他們也樂在其中；到底是誰推他們到這個角度去的呢？他們為何不喜歡上學，不喜歡呆在家裡呢？為何心裡有很多恨呢？為何這些培養年輕人的學校與家庭都只要功課，而沒有愛與了解呢？

我說一個故事：在英國有一所私立高中再一個月就要畢業典禮了，老師卻向校長提出要開除十位調皮搗蛋、不上課又破壞器材、甚至侮辱師長、欺侮同學……等讓大家頭痛的同學。校長叫來那十位麻煩同學，告訴他們，現在開始不必進教室上課，每天都來校長室報到，校長帶領他們去破壞公物。第二天，校長帶著他們去倉庫，搬出曾被他們弄壞的課桌椅，並且用力從倉庫內往外丟，這下倉庫就乾乾淨淨了。接著校長給了每人一把鋸子、鎚子還有鐵釘，校長脫下西裝自己就開始切鋸木塊，將斷掉的椅子腳重新接好；同學也跟著做。校長對著他們微微一笑，吹著口哨哼著年輕人的歌。一週過去了，他們開始把這些椅子重新上漆，學校的牆壁、運動器材全都換了新裝，創意在校園出現。十個孩子臉上寫了快樂與自信，全校平靜乾淨，開始有人過去跟他們握手、say hello！

到了畢業典禮當天，校長請這十位同學上台，對著所有的貴賓及老師、家長、同學說：「你們今天坐的椅子是他們做的，校園的美麗和乾淨是他們整理的。」此時所有的來賓及現場人員全部起立鼓掌，同學全部在歡呼。台上那十位本來要被退學的孩子早已哭成一堆了，台下的家長也頻頻擦淚；校長親手將畢業證書交給那十位孩子，並且用力地和他們握手。校長向孩子們用力的握手。我看到校長與孩子們的頭上都有一個光環。

就如同每一個人都有一個衣櫥，你要出門時，千萬別打電話來問我，「我今天要穿哪件衣服比較漂亮？」我的建議是，打開你的衣櫥，你就會看到你有那些衣服，穿上會讓你心情快樂的衣服就很漂亮。大家了解我的意思嗎？提醒一下，穿衣服也得看一下天氣與進出的場合喔！

◆家長提問◆

Q：我有一個國小六年級的小孩，從小就很喜歡東摸摸西摸摸，他很喜歡玩，像玩泥巴、玩沙子。我覺得他很有創意，而且他有他自己的想法。但有時他上自然課會在玩，很不專心，他們老師和導師認為他這樣很不守規矩，就會處罰他。他回家跟我講：「我的東西被老師丟在垃圾桶裡面了！」我沒有說老師不好，我跟孩子說，想要玩的時候要控制一下；但孩子說：「我控制不了啊！我就是

想去玩。」他受到很大傷害，我想請問許老師，我要怎樣引導這樣的孩子，怎麼去開導他？

A：**喜歡畫圖的孩子自己會前進**。上自然課，東西被老師丟掉及被老師糾正或不肯定的問題，我想畫圖的孩子實在沒有辦法被別人來教。以我自己的成長經驗，還有我所學的理論，人不能被「別人」來教，因為「別人」只會限制另一個「人」；一個喜歡畫圖的小孩子，他從小會表現很清楚的就是「調皮搗蛋、不聽話」，**因為他的創造力在他的生命裡一直指使他去表演他自己，在學校、在家庭裡他不容易被肯定，挫折只是要等著他變成堅強而已，所謂「愈挫愈勇」是這種孩子的通性**。

我們與其要去教、要去指導，不如**給他一個安全開放的空間，讓他自己去教自己**。對於老師的糾正，畫圖的孩子是不容易被老師打倒的，這些媽媽請放心，全世界的人都可以說我們的孩子笨，只有媽媽沒有資格這樣說。「媽媽在孩子的心目中永遠是最好的，孩子在媽媽心目中也永遠是最好的」，這句話互相勉勵。

14 沒有不喜歡畫圖的孩子

很多父母都問過我，孩子很想畫圖，但是他常說「不會畫，不敢畫」，該怎麼處理呢？我們帶孩子做各種學習一定要注意「生活的樂趣」這個問題，**生活要有樂趣．學習才有意義**。因為好玩，孩子才會去玩，不管是學音樂、美術、舞蹈、數學等，一定要都有樂趣，要不然只有白忙一場。

暑假的時候，我帶孩子去游泳，看到一位孩子因為嗆到水，而趴在池邊哭泣，他的教練就大吼「再給我游十圈」，也許這種嚴酷的訓練能讓孩子變成選手，但那又怎樣，也許他將來最恨的就是游泳，也許他將來當教練時也是這個模樣。人間若沒有愛只要成績，那有什麼意義呢！所以學不學繪畫，不是重點，如果能找到會照顧孩子，引導孩子思考的老師，是可喜的，至少在家裡我們可以做到讓孩子做自己的主人，讓孩子發現自己可以做很多事，這樣就很棒了，也是學畫的基本態度。

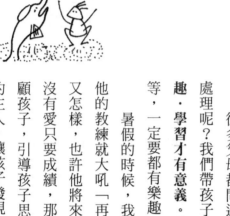

上回我與一位學生物的朋友出去玩，他就說海豚比人類更懂得生活，除了找食物外，牠們整天都在玩，成群追逐嬉戲。藝術家的情境大概就是接近海豚，不像人類為了爭奪權利或權力而彼此戰爭，或為了工作而奔波沒有生活樂趣。我們每天在創作，不就是做自己的主人嗎？既已做了自己的主人，還需要跟別人爭什麼主人呢？還需要去侵略別人嗎？

愉快的探索經驗，造就喜歡畫圖的孩子

我們回來討論「不喜歡畫、不敢畫、不會畫」的情況；在我的教學經驗裡面，幾乎**沒有孩子是不喜歡繪圖的**，我們可以先把「不喜歡」拿掉，因為沒有不喜歡的；孩子之所以後來不喜歡，應該是環境給他的「挫敗感」，才變成不喜歡。比方：一歲多的孩子當他的手開始會掌握工具時，他只要拿到筷子或調羹就會在桌上亂戳、或東敲敲西敲敲，然後把湯跟菜都打翻了。接下來就是被責罵或者面對「不乖，打手手」，這些不愉快的經驗馬上阻斷孩子再探索的意願。之後他就會認為這是個討厭的工具。

如果大人能適當地提醒孩子說：「咦！請你小心。」或大人把筷子換成比較短、比較胖的簡單工具，譬如，放一張紙在桌面上讓他玩，你發現孩子會瞪著你看，而且會發出漂亮的微笑，他會一直叫媽媽，一直要你看。如果你給他的是這種愉快的經驗，他就會繼續探索下去。

「塗鴉期」就是這樣開始的，所以我的教學經驗裡面，沒有不喜歡畫圖的孩子。如果有，當父母的人可能開始要先檢討自己，並不是你規定他畫什麼，他就會畫什麼，他沒先當自己的主人就什麼都不會做。其實人的本能是很愛展現自己的，我們需要給孩子機會，所以我們要先把不喜歡畫的這個理論推翻掉，絕不會有不喜歡畫圖的孩子。

◆家長提問◆

Q：塗鴉期的孩子需要特別引導嗎？

A：對於孩子畫圖要不要引導的問題，我常常跟人說「引導」就是一個人引，然後三十個人一起倒下去，這就是我們所謂的「引倒」。例如，我們常常看到一個老師為孩子說故事，然後就希望三十個人一起畫這個故事，他們稱之為引導；這種引導是沒有價值的。

我**用「引發」，用老師的智慧去引發孩子的智慧，用老師的創意去引發孩子的創意，也就是說一個人引，三十個人發展了他們自己的想法。**孩子們用自己的邏輯去創造自己的故事，孩子們用自己的方法去處理他們的問題，處理我們剛才一起討論的事情。而不是要孩子去「用老師的方法」去做「老師想要他們做的事情」。

我曾經跟工作室的孩子討論一個故事，「有一艘船在海上遇到了颱風，飄到了一個海島」，通常我們會問孩子，你要怎麼辦？這是我提問題，他們想答案。這次我不這樣問，我說：「好！就這個情況，你提出問題來，有幾種問題可以問？」然後孩子們就問了很多、很多的問題。這就是發展的觀念，也就是「引發」與「引導」不同的地方，我們通常希望孩子講我要的答案，現在是**由孩子提出自己的問題，再針對這些問題，讓孩子去思考自己要的答案。**

Q：我的孩子一個幼兒園大班，一個是小學四年級。想請教老師，我們夫妻都是

三十多歲，美術方面的教育是貧乏的，但又想給孩子這方面的薰陶，該從何循序漸進？以及帶孩子看畫展時，應如何指導？

A：一個大班和一個四年級的孩子，就畫展跟美感之間，我曾經寫過一篇文章「打開心內的門」在信誼基金會發表；而有一首台語歌是這麼唱的，「阮若打開心內的門，就會看見五彩的春光」；也就是藝術欣賞要先打開心內的門。

我們的觀念還定位在用眼睛看畫，用眼睛看牆壁上的畫，所以去美術館是最自然的地方。可是我們要知道，以孩子的生活經驗及他生理發展條件來講，大概十歲以前的孩子是沒有能力做「欣賞」這個功夫；我這樣講或許不公平，但我是講出孩子的一個「群性關係」。十歲以前的孩子，他比較關心自己的存在，比較沒有辦法跟別人做分享。三歲以前的孩子，他手上拿一顆糖果，你要跟他分享恐怕不太容易；我們也看到在孩子大班以前，畫完圖的時候，老師把孩子的作品拿到前面問其他人：「你們看這張圖畫得好不好？」我們會發現底下的孩子反應幾乎都是不好。因為孩子只在乎自己好不好，他根本就不管別人好不好。所以家長帶孩子去美術館，會發現孩子根本不看牆上的東西，他可能會覺得電梯比較好玩。

父母還是可以帶孩子去美術館逛一逛，但不要期望孩子看了畫展之後，畫的圖就會變漂亮；讓父母養成帶孩子去關心社會資源的習慣，讓孩子從小就知道有這麼一個地方，可以讓喜歡畫圖的人與喜歡欣賞藝術的人在這裡做好朋友。如果常常來就會喜歡來，家庭氣質必然也會有所改善。在這種環境長大的孩子，將來長大當領導人時必然不會粗裡粗氣的。當然欣賞是一種心的層次，眼睛只是幫我們帶到那個對象，你看晚霞、看月光、看海水、看毛毛蟲在跑、看媽媽在做飯、看爸爸戴著老花眼鏡在看報紙，這就是很棒的欣賞，帶著孩子從生活藝術開始欣賞吧！

「欣賞畫」指的是別人的作品，我們都說欣賞，但很多時候我們都是去批評，因為你的經驗跟他的經驗不一樣；有的孩子會說那個好恐怖喔、那個好色喔、那個好噁心喔，都是在批評別人。如果你**希望孩子能欣賞別人**（大人也是一樣）**就得先建立孩子自我的信心**；你有自信才有辦法去欣賞別人，也就如中國人的一句話「見異生慧」；我們帶著這樣的角度去看不一樣的東西時，就會發現自己的智慧又長了一步。

所以**父母帶孩子去美術館之前，先給孩子做心理的建設，告訴孩子：「等一下**

你會看到一些不一樣的東西，我們不批評，只去看我們以前沒有看過的作品。他們可以這樣畫，那我們呢？」這樣跟孩子說明，會比較容易一點。

從生活裡來打開孩子的心，會比帶去美術館鑑賞作品更有價值。但是在小學以後，我希望父母如果真的有興趣，家裡至少要有一套美術史方面的書，像藝術家圖書公司有出中文版的，亞典圖書公司有英文版的進口書。就像我們聽音樂CD一樣，雖然不懂古典音樂，但聽多了以後，你總會跟著哼。又比如，前一陣子台北美術館有法國橘園畫展，如果去之前就從畫冊中先了解塞尚、梵谷、畢卡索、蒙德里安這些畫家，再去看原作，孩子會感覺非常親切，就像見到老朋友一樣，自然會打招呼、會問好。

所以我建議等孩子念小學三年級以後，再帶去美術館會比較適合。在這之前，我希望父母們從日常生活來著手，引導孩子去觀察大自然的人、事、物，那麼他的敏感度夠、自信心夠，就有能力去欣賞一切人、事、物，包括藝術品。

15 父母的生活態度對孩子藝術教養的影響

大人的生活態度到底是支持孩子探索，還是否定探索的價值；以下幾點是我從生活裡找到孩子不敢畫圖、不會畫圖，甚至做事情不積極懶散的原因，在這裡分享給各位大家：

① 不愉快的經驗阻斷孩子的再探索

我認為不該有孩子是不繪畫的，你看他的手、他的腳、你的棉被、你的枕頭、你的牆壁，他是很喜歡畫的，有什麼地方不能畫的，他自己的臉他也敢畫，問題是他很勇敢很好奇之後換得的是：「你看看啊！我跟你說過多少次了，叫你不要亂畫，為什麼都說不聽呢？」

這不愉快的經驗會阻斷了孩子再探索的經驗，和孩子說「我不敢畫」或「我不會畫」的道理是一樣。

不會畫，為什麼不會畫呢？隨便亂畫都不會嗎？因為**父母的斥責就如同一座牆，阻礙了孩子再嘗試的意願**。如果你的孩子連隨便亂畫都不敢的時候，大人就要檢討自己對孩子的教養態度了。講來講去好像都是大人的問題，是的。因為當孩子離開產道，到了人的世界以後，他不斷地想要跟「人」做朋友，不斷地想要在「環境」裡探索他自己的存在。我們當父母的一定要非常清楚了解以下這一點：如果**你給孩子的「探索經驗是愉快的」，對他就是再成長、再發展的機會，是非常有價值的生活態度**。但如果你給他的是一個「不愉快的經驗」，就會阻斷他再探索的慾望；這就會造成我們現在的困擾，孩子不會畫、不敢畫、不喜歡畫的情況。孩子的學習情況是這樣，我們大人今天對自己很多沒信心的學習態度，不也是這樣嗎？原來我的孩子不是天生就不會畫圖，他其實是喜歡畫圖的。

② 阿公阿嬤疼孫子，妨礙孩子探索

所謂「天生」，我常說老天不會生你的孩子，你的孩子也不是老天生的，孩子是來自於父親精子和母親卵子的結合。他後天所形成的一個行為，都是來自於環境的支持或環境的挫折，當然來自父母的遺傳基因也會影響學習的能力。有天分的孩子學東西比較快，比較有成就感，但學習的樂趣卻是環境的因果。

當然還有另一種比較現實的問題，媽媽說：「有啊！我都有鼓勵他畫，可是他還是不敢畫。」為什麼會這樣子呢？來追溯一下，有些家庭是三代同堂，跟公公婆婆住在一起，甚至還有小姑和叔叔；其實家有一老如有一寶，公公婆婆的確能在帶孩子方面有一些經驗傳承或分憂解勞，但事實上每個人的成長背景不一樣時，新舊時代的價值觀也就不一樣。這個不一樣的背景，常常會反應在教育孩子的觀念及方法，就會出現困擾。這會造成一些現代媽媽的挫折，再加上爸爸是公公婆婆一手帶大的兒子，一般都比較偏向自己的父母；所以有時候當媳婦、當太太的人很難從先生那邊得到被肯定，或是有一致的信念共同來面對孩子的教育。與長輩做協調和溝通；在這樣的情況下，孩子的生活態度變成不是我們能夠全心全意掌握的。

老人家喜歡安靜，不喜歡孩子在地上亂爬弄得髒兮兮的；也就是在「探索」這方面，老人家比較不容易給孩子滿足，但是在吃、喝等方面絕沒有問題。阿公疼孫子，這些會比父母做得更體貼；我看到大班的孩子想吃葡萄，阿公阿媽就把葡萄的皮剝開，還把裡面的籽挑掉，然後孩子只要把嘴巴張開，葡萄就塞進去；吃麵包也是一樣，一塊一塊地餵進孩子的嘴裡，有時孩子還懶得把嘴張開，老人家就對著孫子一直喊：「ㄚㄚㄚ！把嘴張開！」當然有的阿公阿媽是非常開明，能跟上時代腳步，他們願意去了解年輕人的想法，對教養孩子的態度是支持的，他們轉換一個「晚年陪孩子玩」的心情，不會特別的干涉孩子教養的問題，我們要恭喜這樣三代同堂幸福喜樂的生活條件。

③父母本身的舊經驗干擾

再來就是，父母本身的舊經驗困擾。父母自己小的時候，是愛讀書、愛乾淨、很有道德倫理觀念的人，對孩子的探索常常也會產生很大的憂慮，並不會去支持孩子的探索，甚至認為是亂搞或沒教養。這種困擾常出現在高學歷的傳統家庭。

④孩子體質較弱影響活動量

還有一個情況是孩子本身的問題，比如，孩子體質較弱容易生病。生病的人常常要吃藥，因為藥物的作用，常常就會有昏昏沉沉的感覺，他就沒有活力去探索需要自我挑戰的環境。

⑤學校老師教學的態度

再從學校裡的環境來看，因為學校老師教學的態度直接影響孩子。有的老師很

棒，他允許孩子有自主性，可是有的孩子只是被迫接受老師的意見。對有創造力的孩子來說，這種強迫孩子接受老師觀念的經驗會產生學習不愉快的後果，有的孩子就乾脆說「我不要畫了！我不喜歡畫了！」或是老師修養不夠所說的一句話傷到孩子的心，讓他不願意繼續去嘗試尋找他需要的東西。

◆家長提問◆

Q：我老二今年五歲，我覺得他大小肌肉應該發展到能夠寫12345，可是我昨天發現一件非常嚴重的事，他不敢在白色的紙上寫2；後來我就用描點的，但他還是不敢下筆。他小時候曾經發生二件事，有一次他爸爸將手提電腦放在椅子上，他不小心把蓋子弄破了，被他爸爸狠打了一頓；從那時候開始他就變得很退縮。又有一次我公公帶他時，因為他吃飯很慢又容易嘔吐，只要大人愈催促他就愈會吐出來，我公公就用皮帶抽他的腿。這二件事情對孩子是很嚴重的傷害，所以他在學習上非常退縮。我先生教他寫字時也發生這種問題，覺得這孩子學習遲緩，學習意願不高；他就要把他送到幼兒園去。我一直知道孩子的問題在那裡，所以我一直反對把他送到幼兒園。可是當我們不看他時，他又會塗鴉，當你看著他叫他寫指定的東西時，他的手又會一直發抖。請教許老師，我該怎麼去引導他？

A：**不當的責罰會造成孩子行為退縮。**我必須誠懇地告訴這位媽媽，妳要勇敢一點。孩子遭受親人的壓力時，我們很難去改變什麼，但是我也要認真地告訴妳，**有勇敢的媽媽就有勇敢的孩子**，我們要相信任何人都無法打敗我們的孩子。一個孩子的成就，百分之九十九應歸功給媽媽。媽媽才是真正影響孩子一輩子的人，很多知名的人士、在企業界、文藝界、教育界、政治界、科學界有成就的人，從他們的言談或自傳中，我發現很多人從小就沒有爸爸，他們在媽媽身邊學到堅持與努力、善良與勇敢。我再強調一次，有勇敢的媽媽就有勇敢的孩子。

我們前面也說過，聰明的媽媽生出來的也是聰明的孩子；烏龜的媽媽生出來的孩子叫小烏龜嘛；鵝媽媽生出來的孩子就叫小鵝；我們看到孩子笨笨時會怎麼想，是否他媽媽也是笨蛋呢？所以妳必須把自己抓準一點。有些環境在干擾我們，在考驗我們，但妳要相信台灣的孩子是愈挫愈勇的，這是台灣孩子的性

格；孩子成長的壓力不只來自於家庭，孩子們離開家庭進入學校，別的家庭孩子會繼續干擾我們的孩子，小學、中學、高中、大學、甚至於結婚以後都還是會有干擾的；那麼我們當然會心痛孩子受到這樣的壓力；所以媽媽自己要抓準一點，妳能安慰孩子，也能鼓勵孩子。那麼他會不會畫圖就不是問題，這也不是重點；重點是孩子有沒有認同「媽媽是世界上最喜歡我的，最鼓勵我的，最支持我的」，媽媽有沒有讓孩子感受到這份的能量。

不用著急五歲的孩子寫１２３４５寫得好不好，因為孩子永遠有明天。不會寫２，先不要給孩子壓力，不要給他練習十遍或二十遍的壓力，要先「跳開過去」讓他「恢復信心」。孩子對白紙會緊張、會驚恐，妳講的那些讓他產生挫折的經驗，我相信是很重要的因素，在這裡我建議，這位媽媽可以先考慮不讓孩子做很多知識性的學習或競賽性的遊戲。

五歲的孩子還不急著今年就要上小學，還有一年的時間做準備，好好地帶孩子去運動、去玩耍，**先把他的自信心建構起來**。當然繪畫是可以帶給孩子很高的自我信心再建立，但是要找到適合的老師跟環境。如果媽媽無法掌控合適的環境時，我建議妳多帶孩子去運動，運動本身會產生快樂激素，在腎上腺和腦下垂體的分泌下，人會超越自己。運動後的人的臉上都有光彩，都很快樂。運動完後，孩子會肚子餓，他會想吃東西，身體就會健康。而且媽媽陪著孩子一起運動，還可以增進親子關係。如果在運動場或在公園內能找到相同年齡的孩子，這也是人際關係再開始的練習。所以我建議可以先從帶孩子一起去運動開始。

16 該不該送孩子去才藝班或美術班？

生活的環境與學校環境決定了孩子願不願意去扮演自己角色的問題。一般父母在碰到這種問題時，通常都會去找美術班或才藝班，聽人家說那個老師很棒、很有名，教的學生去參加比賽都得獎，然後就去了。**那個老師很棒，但他有沒有智慧讓你的孩子也很棒呢？還是一直畫給孩子抄，讓孩子變得很笨呢？**我想這才是我們真正要好好思考的問題。

孩子喜歡畫圖是不是一定要送去繪畫班？我誠實地講，很多美術老師，包括大學美術系的老師，自己也沒有能力教自己的孩子，包括**我在家裡也不教自己的孩子。為什麼？因為第一，我們對自己的孩子耐性不夠**。**第二，教得沒有次序**。你想到時、心情好時你就教；若你真的要教時，孩子只是受罪，因為你會一直告訴他，這樣不對、那樣不好——因為一直出現你自己的繪畫經驗，你忘記他只是幾歲的孩子，而你是幾歲的大人。自己的孩子自己教，就會有以上的問題產生。但如果你可以找到一個適合的老師、一個好的工作室，孩子就會有整體性的教學方式。

譬如三歲到十八歲，在我設計的課程裡面，學齡前的部分，我盡量跟孩子談情說愛，用遊戲的方式引導，絕不涉入技巧的指導；但是非常要求他的學習態度要有責任感；而在創作過程上，我是完全不干擾孩子的，以好玩為原則。

小學以後，孩子已經學會說道理，我們就盡量讓他懂道理，所以我們會介紹藝術史、米羅、畢卡索……等等藝術家讓孩子認識。孩子會用自己的經驗突破畫圖的技巧，一點不用老師操心；我們只要求他們學習態度是認真的。

中學以後，開始有物理化學的課程，所以我們要盡量產生應用的效能出來，像銅版畫，製作會有硫酸腐蝕之類的效果，有比較專業性的理論切入，以及機械原理、物理變化等的材料出現。

高中接上著就是升大學，不是每個孩子都有機會唸大學，所以高中這個階段要安排「生活實用藝術」課程，即藝術的實用性。譬如，水龍頭壞了，孩子會去修理；電燈壞了，孩子會去處理；他會去佈置自己的房間；他買一塊布，自己會作設計裁縫；他找到一些安全的廢棄物，也可以組裝成自己喜歡的作品；甚至會打扮自己，也知道如何與異性、長輩相處；這是所謂的生活真、善、美，把生活藝術化，把藝術生活化。到大學時，就去做專業的進修了。

有些父母問到經濟的問題，讓孩子學才藝的確要花一些錢；但沒有任何資料顯示，興趣與快樂要在才藝班找，也沒有任何成功的藝術家是才藝班培養出來的；我倒是覺得父母盡量跟孩子玩、盡量幫孩子收集材料，日常生活裡只要不會臭、不會爛，沒有危險性的材料，統統拿出來玩；紙箱、保麗龍碗、舊電扇、腳踏車，都讓孩子拆、讓孩子玩，不要只玩那些已經設計好的半成品。讓孩子保有高度開發自己的濃濃興趣，會比去上才藝班學別人的技巧要高明。

找會使用綜合性材料的美術班或老師

家長們選擇美術才藝班或是幼兒園選擇美術老師時，盡可能**找會使用綜合性材料的美術班或老師，而不要只是單一的材料，因為不同的材料給予孩子不同的思考、不同的刺激。**

面對一張白紙，一堆陶土，和一堆顏料，它們對孩子的視覺、觸覺、大腦的判斷都有不同的經驗反應在引導，這也就是全腦的開發。但如果只是選擇單一材料的陶土班、紙黏土班或繪畫班，對孩子的創意思考層次是有偏頗的，是不夠的；站在美術教育的角度看這件事，我不支持只使用單一材料的才藝班。

如何選擇一個專業美勞教室？

很多家長都會問，該如何選擇一個專業美勞教室？我提出以下七點，提供給大家做參考。

第一個該留意是環境，而環境首先注意的是安全。就像家長到我的工作室，要看的是陽台後面的鐵窗，到底是密閉的還是有開口的。

第二要留意課桌椅的安全，因為很多教室都是買現成的，課桌椅是一個人一張，還是四個人擠在一起共用一張桌子。許多幼兒園的桌椅是四個人擠在一張桌子，那麼就會發生水一下就打翻、畫圖紙互相重疊、小朋友一直在聊天……等等的問題。

第三是用水的設備。在教室內就要有用水的設備，這樣才是專業的美勞教室。

而不是這教室其實也是心算班、珠算班、作文班、英文班兼著美術班。

第四，**家長們可觀察有沒有種植物**。如果植物種得很健康就很好，我想會關心生命的人也一定會關心孩子。我們常看到一些公司剛開幕時，人家送了一堆花或樹，後來一株一株地枯掉，或是樹葉上積了很多灰塵，就可想而知他們對孩子的態度了。

第五是師資的來源。櫃台小姐能掌握的只是宣傳與報名，而老師本身是主控教學。家長有機會就要跟老師談一談，他的理念是不是你要的，他是不是有能力把理念執行在課堂上。

第六，**看看教室的課程表**。除了看時間是否能和孩子配合外，還要注意他們使用的材料是否能帶給孩子經驗的延續，還是只是編一堆「名稱」，而看不懂他們真的要給孩子什麼方向。

第七，最後要很清楚：**老師會不會改小朋友的作品，或是幫小朋友畫，或是畫給小朋友抄？**當然有人喜歡速食的文化，他希望每一節下課孩子都要有具體的成果，老師最好能幫忙，那麼大人高興，老師慚愧，孩子無奈。這就不是美術教育了！

在家如何自己教？

有些家長在談要不要送孩子去美術才藝班的問題時，有家長說學費很貴啊，貴不貴我想應該衡量個人的經濟情況。而有些家長想「在家裡自己教」，我覺得這有點困難，包括我自己的孩子，我在家裡也沒有能力教他。因為在家裡，我們的時間及材料實在沒辦法做有次序的安排，想到什麼才做什麼，心情好才陪他玩，這樣是不夠的。

我建議在家裡，盡可能地**安排一個獨立的美勞空間給孩子們：一張符合他身高的桌子及椅子**。一些箱子，幫他收集材料。一個櫃子或一面牆壁，允許他把做好的作品擺在上面，或者是作品貼在牆上（自己寫第一名）。

孩子喜歡到處畫圖，不妨去買一個黑板或白板，畫了就可以擦掉。前面說過，我個人建議使用黑板，黑板的粉筆顏色很多，只要使用無灰粉筆，這樣就比較沒有灰了。還有，地板千萬不要鋪地毯，因為地毯容易藏污納垢，木質地板是最棒的。注意桌子、櫃子的角，孩子難免會有碰撞的問題。有了安全的空間及豐富的材料，就讓孩子在家自己玩也很好。父母如果能參加一些師資班培訓的課程或參考一些專業的美勞教學書籍就更好了。不過我仍舊要提醒的是，寧可不教，讓孩子自己玩出創造力，也不要亂教而傷害孩子的信心。

再補充一點，**父母如果想要自己教，就要有計劃的安排，包括時間的分配與材料的選用**，不要只是去美術社買現成的材料，家裡不會臭、不會爛、沒有危險性的器材都拿出來，然後將它們分類在不同的紙箱中，讓孩子有次序性地慢慢使用它們。

當孩子在工作時，父母可以放點輕音樂或古典音樂陪他，父母的態度要溫和、要親切、要肯定；你的態度是允許孩子在安全的範圍裡去做他自己的主人，我想這就是最好的指導方式。如果不會教就不要教，寧可都不教，也不要教錯；因為你不教，他反而可以用他本身的智慧學到他的自會；但是安全的概念一定要提醒。

◆家長提問◆

Q：我的小朋友大概三、四歲就開始學畫畫，他的第一個老師是從美國回來的，他從不教他怎麼畫只是用講的，也從不在黑板上畫任何東西給他們看。後來因為搬家，就換了一位老師，可是我發現這位老師會先在黑板上畫一隻鴨子，然後擦掉，再叫小朋友畫。我不曉得這兩種方法，對小朋友的創造力有沒有影響？

A：**不能畫給孩子抄**。孩子三歲塗鴉時，會常常問媽媽要怎麼畫；後來找到老師畫給他抄，他就不問了；這不問是孩子變聰明了呢？還是世界變成只有那麼一點大而已，他就只會畫老師教的這個了？孩子被指定、被限制住了以後，他將不再主動發現自己會什麼，這對創造力是不好的。我還是堅持孩子要放開一點，而不應該畫給他抄。

Q：二、三歲的孩子只讓他塗鴉，需要特別的引導嗎？我只給孩子彩色鉛筆可以嗎？但是彩色筆，他又會亂塗，怎麼辦？

A：二歲的孩子使用彩色筆、粉蠟筆夠不夠？我建議可以再開放水彩，麵糰也很好，將麵粉調點水，讓他去抓那個黏答答的東西。因為二歲的孩子很需要發展一些觸覺性的活動，硬的、軟的、熱的、冷的、濕的、乾的、粗糙的、光滑的，這些材質的東西都拿給他玩，但留意不可讓孩子拿來吃。父母不要去期望孩子會做出什麼造形，他只要敢去玩就很棒了。因為二歲的孩子發展感覺很重要。

我們常說人格教育和創造力要互相結合，所以玩好以後，要引導孩子繼續收拾善後，絕對不能他玩得一團亂，而父母來收拾，這是不對的，這樣會養成孩子不負責任的習慣。只要在安全的環境之下，讓孩子盡情玩。但在四歲以前，我都不鼓勵孩子拿剪刀，讓他儘量使用手指頭去撕、去捏、去揉、去貼。做完了以後，父母可以拿一個紙箱，說：「垃圾車來了，誰要來倒垃圾？」那麼孩子就會很快樂地幫忙把房間收乾淨。之後再和孩子一起吃些小點心，討論剛剛遊戲的過程。

Q： 我的小孩現在五歲，他很喜歡畫圖。他看過的卡通都可以畫得出來。我要怎麼再幫助他？一般的繪本對他有沒有幫助，或是買參考書？他已經有很多畫好形狀只要塗顏色就好的填色本。我也想幫他找一個老師，但我看過很多老師都希望孩子照著他說的做，我感覺我的小孩很有創意，所以我想找一個可以發現小

孩天分的老師，請問許老師有什麼方法嗎？

A：其實不管是四歲、五歲、三歲還是二歲，媽媽都說孩子喜歡畫圖，這點肯定我前面所講的，沒有一個孩子是不喜歡畫圖的。在這樣的情況下，很多媽媽開始想了解「我要怎麼去幫助孩子」才會更好；基本上大家都會送到才藝班或美術班去被人教，但想找一位好的美勞老師是可遇不可求的，大部分在才藝班教美勞的老師都是一般美術系畢業，他們本身並沒有「兒童發展及團康遊戲」的概念，只能就自己本身的美術認知來教幼兒，這是很不恰當的。

再來是填色的繪本對創造力有幫助嗎？我是不鼓勵給孩子使用著色本或繪畫本之類的半成品，因為著色本會阻礙孩子創造力發展。而事實上，著色本在幼兒園裡卻常被使用，有的是印好圖案，小朋友只要在上面塗顏色，而且不可塗到框框外面。有人說這可以訓練孩子的手眼協調，我說這是眼睛妨礙手的發展。另外一種繪本是有指令的，例如，它在白紙中畫一條線，告訴你這是一條馬路，「馬路上應該有什麼東西，天空應該有什麼東西，地下應該有什麼東西」，它用這種指令來引導孩子的創作；這剛好不是創作，孩子只是按照指令去完成一個動作。但商人為了促銷，硬是把它當做創造力的教材。

其實**最好的創造力教材，就是給他一張白紙、一堆泥土，讓孩子用他自己的方法去執行他所想要做的，這才是真的滿足他的創造力。**

我們偶爾吃一下麥當勞沒什麼關係，如果三餐都吃漢堡薯條，就不適合了。著色本也是一樣，對創造力並沒有直接的幫助，但讓孩子變成一種遊戲，一個月偶而玩一、二次其實無妨，但還是要開發創造力的材料會更好。什麼叫做創造性的材料呢？我已經說過很多次了，只要不會臭、不會爛、沒有危險性的器物，都可以拿來使用。基本上有破壞才有建設。父母可以提供材料，但不可期待孩子會像藝術家一樣會變出偉大的造形。讓他去拆紙盒，其實就是創造力的表現了。

17 打破學畫要從素描開始的迷思

素描就是繪畫，繪畫就是創作。台北市立美術館曾經辦過「國際素描展」，參觀過的人就會發現來自世界各地的素描作品，不再是我們過去熟悉的只是鉛筆畫，展覽的作品有水彩、油畫，也有用布貼的和用紙張剪的。現在國際藝術界對素描的繪畫語言，不再拘泥在單一的顏色，只要不是立體雕刻的東西，統統歸到素描類。

或者換一個說法，素描就等於是繪畫，而繪畫就等於是創作的意思了，這是國際性的藝術語言。現在很多學校老師都還不接受這個觀念，大概也不知道有這個觀念吧！這是二〇〇〇年新的國際藝術觀念。所以我鼓勵孩子素描、繪畫都學，並且廣泛運用素材，這彼此之間都可以相通，它是彼此互相助長的；就像青菜、豆腐、魚、肉都是食物，都有營養的。

先學素描，還是抽象畫？

我要跟很多父母談明，**學畫不一定要從素描開始**。這一個問題，我在帶我工作室的媽媽們畫油畫時得到肯定，打破畫圖可以不必從素描開始的迷思。

每一個媽媽剛開始時都說：「許老師，我告訴你，我真的不會畫圖！我從來沒有學過素描。」

我也告訴這些媽媽：「我專教不會畫圖的人，我也不教素描，我們就從油畫開始。」

事實告訴我們，一年下來，每位媽媽的油畫都畫得很好，素描也不用學，自己就會了。**重點是有了信心就什麼都會，技巧的問題就交給時間來磨練**。

基本上每一種材料都能刺激孩子不同的思考，材料本身會跟孩子對話，沒有先後的次序。希望孩子能有多一點材料的接觸與嘗試，對他日後的發展，包括對創造力的發展、對大腦的思考、判斷力的發展都有價值。孩子先學油畫，之後想要再去學素描也很好，甚至是學水墨、陶土捏塑都可以再去接觸。

◆家長提問◆

Q：我們家小朋友想像力都非常豐富，得過很多獎。參觀比賽的畫展時，我發現他的繪畫技巧輸給別人，但贏在想像力豐富。我想要送他去學素描，可是他都不肯，他只想隨心所欲地畫，不想要被限制住。我要怎樣來引導像這樣的小孩，讓他照自己的方法去畫，還是要送他去學畫，這樣以後他在欣賞畫時也比較能夠了解？

A：學素描練技巧，但也要安排不同的材料表現。想像力豐富也常得獎的孩子，就沒有技巧輸給人家的問題。這位媽媽可能比較從視覺的角度去看畫，覺得別人畫得比較像。小學三年級以後，孩子的視覺經驗已經發展相當成熟，看什麼都會像什麼；你的孩子還能堅持自己在創造力的部分是很難得，很值得鼓勵。

素描跟其他素材，如水彩、雕塑、木工、金屬工，都是藝術表現的方式，到底要不要讓他學呢？其實不必刻意。素描可以放在藝術課程裡，讓孩子使用單色繪畫。單色繪畫不一定只有鉛筆，包括毛筆、粉臘筆、水彩、及水墨都是素描。其實有很多從事繪畫工作的人，他們在繪畫之前，都會用一些素描打底稿，再把它搬入油畫去創作。想去學，有人會教，孩子願意去，家長有時間，經濟也允許，我當然鼓勵，因為不同的材料會給孩子不同的刺激。兩隻手掌握到不同的材料，大腦與眼睛馬上會作不同的思考，所以都有幫助。但是**素描畫得好的人不見得水彩就畫得好，這是兩個完全不同性質的表現材料**。所以放輕鬆一點，孩子想去學，你覺得可以，他當然有機會，如果孩子不願意，其實也沒關係。

18 從兒童畫的圖面來了解孩子

當孩子的圖已經畫好了，從圖面會表現出各種可能性，我們來作分類和了解孩子。

畫面表現的分類

① 模仿力強，造成重複出現的符號

第一類，孩子的圖面會出現「重複出現的符號」。比方，花、房子、太陽、雲、鳥，還有一些類似漫畫卡通人物造型的符號。這些重複出現的符號，是孩子已經受到別人的影響，別人畫給他看過，或者是他看過別人畫，認為這是最方便的，就直接記下來了。這種孩子一般來說，記憶力、模仿力比較強，將來讀書背誦能力也強，但是創造力的開發要加油。

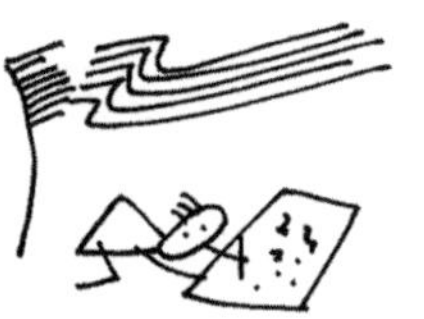

② 過度讚美，造成重複出現的舊圖像

第二類，孩子畫完以後曾經「被別人鼓勵、讚美過」，所以他就會持續出現舊的圖像。我們都喜歡被肯定，愉快的經驗會讓人重複那件事情，不再探索新的經驗。對圖面的變化來說，這不是一種好的現象。

我們可以轉為人格化的語言，對孩子日後的發展會有幫助，比如說：「你畫得很認真，畫得很快樂，我好喜歡這個顏色跟那個顏色做好朋友」。若只對圖像本身的形狀肯定或鼓勵，將會造成他不再前進。這一點跟大家分享。

③ 材料不適合，東西畫得小小的

第三類，孩子畫的圖都畫得很小，都是一點點、一點點的，他可能習慣用鉛筆或原子筆畫圖。常常孩子要畫圖，我們就順手給他擺在家裡電話旁的便條紙，他就在小張紙上用筆尖很細的筆來畫，自然就會小小的。這是可以改變的，比如，給他一支牙刷，他要畫得小也小不來。牙刷沾了顏料是可以畫圖的，水彩筆的筆端比較寬廣，都可以讓孩子改變舊經驗。

除了筆，紙張也可以隨意變化，全開、對開、四開、八開、十六開的紙都行，

不要讓孩子習慣使用小張紙或只用彩色筆，圖式自然就會變得靈活，甚至於裁切成三角形都沒關係，他可在不同空間裡作不同的刺激。

所以我們常講**材料本身可以跟孩子對話**。**父母不要擔心「我不會教怎麼辦」，孩子不需要你教他怎麼做，你只要注意他的安全問題。你給他豐富的材料，合適的鼓勵就很棒了**。

光滑的紙、粗糙的紙、透明的紙、有顏色的紙、廣告紙、衛生紙、宣紙、報紙、牛皮紙、玻璃紙、皺紋紙，砂紙又可以做什麼？父母和孩子一起思考一下：紙張的平整，跟你鼓勵小孩將紙揉皺以後，再打開又能做什麼？把紙挖一個洞能做什麼？學問可大呢！

④ 畫面很大，超過框框或畫紙

第四類是畫得很大，大到離開框框之外、畫到桌面上、畫到手上，這種情況我們會觀察一陣子；這樣的孩子，一般來說不太在乎環境的反應，他有很多想法要跨越空間，不太受人家的拘束。孩子的手是隨著心、隨著腦走。他能跨越空間，代表他一直要出去，這樣的孩子比較不按照牌理出牌；基本上我們肯定他的創造力，但

他不受空間限制，所以也常造成大人的困擾。

之前我們也提過，創造力的孩子很容易傷害到自己，也很容易干擾到別人，對學習環境也會造成影響；這樣的孩子我們要有比較多的安全考量，要常提醒他在人格方面的增長及鼓勵。你會發現能跨越空間的孩子，在跟別人相處的過程，會去搶奪人家的玩具、跟人家爭吵、跟他說什麼他好像都不太在乎，他只管自己要的；所以如果家長發現孩子有這樣作品的時候，不妨留意一下孩子平常的生活態度是否過於鬆散沒有節奏，大人的管教方式是否也鬆散沒有節奏（該管的生活常規不管，不該管的創造力卻偏要管）。當然我相信創造力的孩子很聰明，但也很麻煩，動之以情是不錯的管教方式。

⑤不敢表現，圖都畫得小小的

第五類是圖都畫得小小的，孩子的個性也比較拘謹、比較乖、比較內向；這些孩子平常都乾乾淨淨的，媽媽也都是漂漂亮亮的，看起來很有禮貌、很關心孩子。可是孩子的創造力也被關心「關」掉了，我建議改變孩子的畫圖材料及改變舊習慣，就會有創造力，加強環境刺激及調整父母本身的生活態度；有創造力的父母才

會有創造力的孩子，讓孩子的心寬闊一點。

⑥家教工整，畫面規矩整齊

第六類是圖都畫得非常整齊的，畫面非常乾淨，顏色都規矩標準。這樣的孩子，說話溫和，穿著打扮乾淨整齊，家庭教養是比較規矩工整的。媽媽也乾淨整齊的、秀秀氣氣的。當然，人跟人相處時喜歡看到這樣的人，非常得體。可是就創造力來說，你會發現孩子又被限制太多了。這時候我倒鼓勵媽媽爸爸們，可以利用假日或平常生活裡面，安排一些孩子可以使用創造力的活動。我們提過，盡量從食、衣、住、行方面來著手。

⑦勇於探索，畫面亂亂的

第七類，圖都畫得亂亂的。這個亂亂的，我想到三、四歲的孩子在塗鴉階段比較容易出現這樣的情形，不分色彩全部塗在一起，甚至把紙弄破；其實到大班也還有孩子會這樣，叫他將水彩擠在盤子上調顏色，他偏不要；他要把顏料擠到水罐裡，再用手下去玩；然後很高興地說：「媽媽妳看！老師你看！」他忽然發現了什麼新世界一樣，可是你發現接下來的是掌聲？還是責備聲？

媽媽會說：「你怎麼弄成這樣子！」

我知道很多人都難以接受。我們通常是站在保護孩子的立場上，教媽媽去欣賞孩子的創造力。因為他居然能夠做出老師沒有指定的，沒有教過的，玩興來了那就讓他玩。除非他把顏料水當成果汁喝喝看，這是不可以的。

創造力的孩子的好奇心很重，父母要特別留意，若孩子只是把桌子弄髒、把手弄髒、畫紙玩得一團亂，我覺得沒有關係，應該保留給他探索的機會，他在愉快經驗探索中，理性的發展也會讓他把圖面慢慢控制住，後續的發展就令人讚嘆了！

塗鴉階段的孩子不會在乎形狀像不像，他把顏料玩得很快樂安全就好，可是一樣是三歲的孩子，有人可能已會畫形狀了，有人可能還是沒有辦法，這是個別差異問題，也跟遺傳基因與環境刺激有關；有的孩子先天表達力與記憶力好，很容易就表現出來；有的孩子比較正常，就一直用自己的方法在玩，看起來亂亂的；有的孩子連玩都不敢玩，大人就要加油了！

兒童畫畫面的個性組合

① 知性：題材與知識經驗

孩子在一個畫面上畫貓咪、畫狗狗、畫人物、畫建築物，這叫做「題材」。

題材跟孩子的知識經驗和生活經驗有關係。比方，靠海邊的孩子，他對魚會很敏感；如果禮拜天我們帶孩子去坐飛機，回來以後他對飛機印象就深刻，他畫飛機時就會比較有感覺。但也有可能他仍不會畫飛機，因他仍不習慣用自己的想法畫圖，怎麼辦呢？只要改變舊習慣就會有創造力。

如果你的孩子一直畫汽車，那麼請父母留意一下，是不是家裡玩具汽車太多了。如果他的題材一直都沒改變，就是告訴我們生活需要調整一下了。題材跟知識跟生活經驗有關係，空有技巧沒有想法的孩子，圖面很難有改變。

② 感性：色彩與情感

敢大膽使用顏色的孩子，一般都是比較感性的，相對的也就是比較情緒化，他可能比較會黏媽媽；比如，哭起來會很凶，可是他心情好的時候，會跟你又黏又親又抱的。這種情感比較豐沛的孩子，在色彩的使用會比較奔放。

③ 理性：造型與邏輯

比較理性的孩子，造型會出現的比較早，會弄形狀的東西，比較不想使用色彩，他的邏輯推理與組織結構能力較好，所以造型的能力也比較清楚。理性、感性、知性平衡的人就是人格健全，偏頗在任何一邊都是提醒我們要再幫孩子加強。

大人指導兒童畫的修養

如果小孩來跟你分享時，就算手邊再忙，瓦斯爐的火在燒，都請關掉，停下來，跟他分享一分鐘的快樂。孩子若不講，也不要逼問他。有時他真的不知道自己在畫什麼，只是遊戲嘛！有時大人的自言自語、自問自答地說著「這是太陽、這是船、這是鳥」，反而限制孩子的想像或造成錯誤引導。

大人讚美或指導兒童畫的態度要誠懇

當孩子還在畫的時候，很多媽媽就在旁邊說：「你畫得好漂亮喔！」然後趴過去又問：「你到底在畫什麼？」拜託！妳要虛偽也要做點功課，都已經讚美人家了，還問人家在畫什麼？

孩子是很敏感的，他分得出來你是真誠的？還是虛偽的？不要變成錯誤的引導，他隨便畫一畫，你都說很好。他乾脆以後隨便畫一畫算了，這態度的引導是錯誤的。

所以父母得留意，讚美孩子是對的，是好的，但是不要流於虛偽、盲目；什麼地方好，我們要講清楚、講具體。你覺得什麼地方可以改進就會更好，也清楚的讓孩子知道。千萬不要一劈頭就說：「這個不對、那個不對。」我們最怕親子寫生活動，媽媽都在旁邊拿一枝原子筆，一直敲、一直在數落孩子的不是，要媽媽說的才是對的。

如果要孩子改進他的畫，我們可以先肯定孩子已經做好的那部份，比方說：「我滿喜歡你這個想法，我喜歡你把這個顏色放在這個地方。」**先肯定孩子，再給他適當的建議**，比如這樣說：「我可以談一下我的想法嗎？我可不可以做一點建議？」如果孩子不願意接受你的建議，其實要尊重他，這是他為自己做的事情，我們必須要尊重。因為他在畫的時候也許沒想到畫什麼，只是在玩他的顏色遊戲而已。

要讚美孩子時，我鼓勵大人盡量以人格化的語言，這對他一輩子才有價值。這張圖漂不漂亮，對他這一輩子沒有什麼太大的影響；要漂亮也不只有這一次吧！大人分享的態度會直接影響孩子的工作態度。

寬闊的美學經驗有助於作品的接受與表達

再來是跟大人的美學經驗有關係。人對宇宙事物及大自然生命現象的互動就是美學，而互動過程衍生出的經驗累積，就是所謂的美學經驗。正如你吃遍大江南北中外美食，必然會累積出食物的美學經驗；或你踏遍大江南北中外世界地理人文，必然也累積出旅遊的美學經驗；相同的，你涉獵中外各種藝術風格畫派表現，也必然累積出藝術的美學經驗。

美學經驗愈廣泛，對不同事物的接受度與包容度也更高。美學的建立可從生活關懷面（人、事、物）開始，它可從外界刺激與內在反省一起提升，這有助於對藝術的接受與表達。

我在維也納讀書的時候，有一次我畫完了一張圖，自覺不甚滿意，當時順手把它揉掉，往垃圾桶一丟。我的教授二話不說，他走去垃圾桶把它撿起來，拿到我面前把圖畫弄得平平的，告訴我：「請你把它保留一段時間後，再拿出來看一看，這是一張非常好的作品。」

當時我半信半疑，但是教授已經幫我撿起來了，我只好收起來。果然，現在我

對那張圖非常喜愛。我後來發現這是美學經驗的問題。我們對美的想法和經驗不到那個層次的時候，很難欣賞那個作品的內涵，就會以為自己繪錯了。

常畫圖而少閱讀（閱讀天、地、人、生命的互動），在本身的創意與美感內涵不夠時，就會出現自己不能肯定自己的情況，也會出現批判別人的情形。個人本身的創意就是那種讓自己有一絲微笑的滿意，有幸福的感覺，如品茗與喝咖啡的氣氛即是美感的表現。

當孩子說，我畫錯了

孩子常常以為自己畫錯了想再重畫，再重畫有時並沒有原來畫得好。所謂畫錯了，是覺得畫得不順心，就會想把它丟掉再重新拿一張紙。這種情況我的教授曾經正面引導過我，所以我也告訴孩子，「不要急！請你把他撿起來送給老師，剛剛它是你的好朋友，剛剛它陪你玩，你把你的朋友弄成這個樣子，它一定不舒服，你也不喜歡別人把你弄成這個樣子吧！」

我會讓孩子重新把畫紙弄平或是用膠帶把它黏貼好，過一段時間再給孩子看；我發現孩子就能接受了！這是一個孩子在成長過程中滿重要的課題。也就是說，不要讓孩子養成「我不喜歡就可以把它扔掉」、「我不喜歡就可以把它破壞掉」的習慣；將來當他的男朋友、女朋友不就很可憐、很倒楣了！

當孩子有這樣舉動時，就適當的讓孩子知道怎麼去處理他的情緒跟他的材料之間的關係。像夫妻倆吵架，爸爸或媽媽就會摔東西，這是一種習慣，但不是好習慣。我希望透過藝術教育，讓孩子在情緒上，或事情做不好的時候，能夠自己告訴自己冷靜下來。

◆家長提問◆

Q：孩子現在小一，每次繪畫都很慢，我叫他快一點，她就反駁說：「我要畫慢一點，才會畫得漂亮。」但她實在是花太長的時間了，有一次去參加繪畫比賽，竟然超過時間還沒畫完，根本沒辦法交卷。

A：我認為是孩子對的。畫得慢一點有什麼關係呢？但要比賽，就很為難了。單就畫圖方面，我鼓勵慢，慢是一種欣賞，一種樂趣，一種享受；發呆也是一種思考，會讓人聰明喔！你在公園裡面從這棵樹走到那一棵樹，花一分鐘和花五分鐘走過去，你的看法、你的欣賞、你的感覺是不一樣的。慢，人生是有趣的。慢，人生是漂亮的。慢，人生是豐富的。那麼為了比賽，跟孩子過不去，這個比賽是沒有意義的。

Q：我們夫妻是「視障者」，也就是盲人，但我們的小孩看得到東西，他很喜歡繪畫。他跟我們分享的時候，我們都覺得很抱歉，因為看不到他畫的是什麼東西。孩子有一個好處是，他會抓我的手去摸他畫的東西，跟我說：「媽媽，這是什麼。」他有跟我分享的觀念。我也一直注意他的發展，他繪畫很認真，我就說你今天畫得很認真。我看不到，要怎樣給我孩子美術的生活，怎樣去幫助他？

A：這個問題令我非常感動。這位媽媽是視障的朋友，非常在乎、非常留意孩子的反應。視障者如何分享孩子的作品，這問題是我從來沒有接觸過的，但是我非常高興接下這個問題。基本上孩子畫完一張圖，不管是用水彩或是彩色筆，視障者的手的觸覺應該比我們一般看得到東西的人要來得敏感。只要孩子的筆在畫紙上面畫過，一定會留下顏料的痕跡與質感，我相信妳的手一定摸得出來。白紙塗了水彩跟沒上水彩的地方一定不一樣，紙吸到水會皺起來，彩色筆也是一樣；妳一定摸得出來，可以摸出形狀。但我不曉得有沒有人摸得出這是紅

色、藍色或黃色的，在色彩方面可能摸不出顏色。我很好奇的是，一位從小就視障的人，如果從來沒有看過紅色是什麼，如何想像紅色是什麼，這一點是我可以再進修的地方。我希望這位媽媽也能給我一些指導，這是我需要加強的地方。我曾經看過一個影片，眼明者用「詩」的描述法，將「晚霞」的美麗，透過聲音的氣氛及生活中已有的感覺，讓視障者去感受晚霞的美麗與感受引導者的真誠，至於晚霞是什麼顏色、是幾點鐘出現就不是重點了。

這位媽媽可以用人格化的語言跟孩子分享，讓孩子來引導妳，他畫的是什麼顏色、畫的是什麼東西，妳去分享孩子畫完圖的那份喜悅。我建議盡量跟孩子分享他的成就，這就是最棒的。

反而我們一般看得見的媽媽們，有沒有機會讓孩子也拉著妳的手去分享他的作品。我非常謝謝妳，勇敢的媽媽一定就有勇敢的孩子。祝福你們！

19 有藝術天分的孩子該念美術資優班，還是送出國？

最後我們來談美術資優班。從國小、國中到高中，能夠被甄選或考上美術資優班的孩子，都有相當優秀的資質，不但頭腦聰明，創造力比別人強，表達力也要很熟練，這是屬於國家的智慧財產，是社會優秀的人力資源。這些孩子都具有特殊的表達能力與思考能力。

但這些有藝術天分的孩子被甄選上美術資優班以後呢？

孩子資優，老師不資優

孩子被甄選上美術資優班以後呢？學校的設備、師資的來源，及課程的規劃、

人才未來的安置，卻有很大的問題；因為師資的來源大都來自於師範大學美術系，還有師範學院的美勞科或也有藝術學院美術系畢業生來兼課的，這些美術系畢業的學生在學校所受的訓練，除了教育學分及一般藝術理論以外，就是術科專業技能訓練，如素描、靜物、寫生、人體模特兒、書法、水墨，都是屬於視覺型的技術訓練；近幾年偶而會有多媒材使用，但一直沒有思考能力和哲學語言的訓練。

美術系的人只會畫圖，不會陶土、木工、金屬工、編織；材料使用相當陌生；他們的畢業展作品都是屬於平面、視覺型、具象的東西；在技巧上做深刻的揣摩。而材料及觀念的開創性很弱，更提不出美學的修養與分享。師範學院或師大美術系畢業的學生們更應該在畢業展的同時，要對美術教育的展望提出自己的看法。他們畢業後，即將在國小、國中、高中任教，被孩子叫一聲「老師」，他們要用藝術媒材去引導孩子進入教育的情境。

老師的角色是上帝的天使，讓人快樂

師範學院或師大美術系畢業的學生們能為孩子的美學教育做什麼事情？他們只是把學校教給他的技巧再教給其他的孩子。他們再一次把自己的舊經驗去耽誤下一代的發展，我想這是一個很嚴肅的問題。可是我們的教育主管單位還沒有意識到這樣的情況，他們只是在擔心十二年國教多元入學這些方案，在制度上面做提案；而沒有針對教學方案作深入的檢討；對師資的養成沒有深刻的反省；就造成現在浪費很大的教育資源，與師資儲備有很大的缺陷。因為能當一個老師的人，就像醫師、像藝術家一樣，是上帝的天使，他是來引導人向上的、來讓人聰明的、來告訴大家，你是可以快樂的；他是傳福音的人。「老師」不是透過考試的分數就能夠取得的角色，我想這個是需要去做很清楚再反省與再思考的。

美術資優班在學「抄襲」的功夫

小學的美術資優班在入學時會有素描、水彩，還有創作性的考試，基本上也都是在考技巧；坊間也有針對這種考試的補習班，孩子補習以後也是再繼續對「技巧」作揣摩。我們看到國小、國中、高中美術班畢業展，所展出來的東西都是瓶子、罐子、蔬菜、水果、靜物、人物、還有照片和圖片的抄襲、校園角落的寫生、以及充滿樣版的版畫套色及手工藝品。

我不否認「臨摹」也是一種學習的經驗，其實包括畢卡索、張大千也都很會抄別人的作品，臨摹抄襲可以給技巧帶來再學習的機會，但是這種練習的過程不應該拿到畢業展來展覽。畫展的目的應該是「個人美學經驗的分享」。也就是說家長把有高創造力且資質優秀的孩子交到老師的面前，我們想要看到的是，孩子們經過專業的訓練以後，能夠再開發出更大的創造力來跟大家一起分享。我樂見這樣的美術資優班，這是孩子的福氣，國家的福氣。

可是我們看到的好像不是這樣子，從國小、國中、高中美術資優班的畢業展，我看到的內容都大同小異，一樣的視覺技巧充滿樣板，孩子一直在長大，其理解力、情感反應、知識經驗一直在擴大，但是師資的培養方式及提供管道，卻是大同小異沒什麼成長，所以這些孩子若沒進入大學美術系繼續創作，也不再畫圖，跟一般孩子又有什麼不一樣。

大學美術系被「技巧」套牢了

或者進入美術系後，更不敢創造、不會創造、不知創造為何物者大有人在，為什麼？因為長時間被技巧套牢了。當年因為技巧很好得到國展、省展的傑出美術系學生，畢業後在學校留任助教，二十年下來現在是教授了，也還在畫以前那些瓶瓶罐罐及人體模特兒，或拍一些照片放大再抄一次；現在也還在教人畫瓶瓶罐罐的東西，一點都沒有進步，不知什麼叫創作，自己也不快樂。這樣的情況，大家還羨慕美術資優班的孩子嗎？對不起！講真話會得罪人，希望現在已經不是這樣了，因為我們都關心台灣及孩子的未來，我們一起反省好了！

我是國立台灣藝專畢業的，是本土訓練出來的科班，畢業後再到維也納藝術學院做研究，我比較過兩邊不一樣的教學方式，的確有深刻的感受。

每一個孩子都能與藝術做好朋友

我工作室的孩子們，從三歲就跟在我身邊一起很快樂地塗鴉。小學時，我們切入藝術的美學實驗，包括色彩學、造型學、材料學、社會學、發展心理學、人生哲學、光影概念、立體與動態、視覺敏感、形態應用、設計與製作、知鄉愛土及藝術史的發展與欣賞。材料更擴及到水彩、水墨、版畫、陶土、木工、浮雕、紙工、素描、金屬工、油畫……等，比大學美術系的學生學得還多。有人懷疑怎麼可能？

是的！對沒有創造力的人來說，的確是不可能的。

從三歲到十三歲，這十年的時間分別將觀念與材料由淺入深，透過遊戲的方法讓孩子盡情表現，只有經驗的問題，沒有技巧的困擾。孩子快樂，大人輕鬆。所以在小學六年級時，我已經給孩子到繪畫領域更高層次的東西。做木工時，孩子們會自己畫透視圖、計算材料、動手切鋸木頭、使用電鑽、造橋、蓋房子及設計車輛的模型。他們如果還要再去參加國中的美術資優班，重新去畫瓶子、罐子，去抄人家的照片，我真的只有「遺憾」兩個字。

所以到底要不要去參加資優班呢？父母們要去用最聰明的方法看問題了。

我希望每一個孩子都有機會接觸到正常的美術教育，我希望透過發展式的教學法來提升孩子對美學的體認，我稱它為「與藝術做好朋友」。那麼一般的孩子透過藝術材料的引導，材料本身就會跟孩子對話。在跟材料對話的過程裡，孩子學會認識自己，喜歡自己，他就會去執行自己。他碰到挫折的時候，有他的師長能夠用哲學語言的智慧與愛跟他討論，讓他再次得到解決問題的能力，那麼最後得到的成就感，是他人生最真實的成就感。於是他會創作，他會分享。長大後，他再帶領他的

家庭繼續與藝術做朋友；他的家庭與事業都是幸福的，他人生將來沒有被打倒的可能性；因為所有的困難、所有的挫折，到他的手邊都像畫圖一樣把它轉化到自己的智慧與愛裡面，找到創造的經驗，這是很快樂的事情。(小圖255)

對於有天分的孩子，我希望他也透過這樣的學習方式，將來能夠超越他的老師，因為他的資質本身就比老師好，他是美術資優的孩子，如果老師不限制他的發展，他一定有機會超越老師；要當藝術家就當一個高尚的藝術家，不要只是蹲在馬路邊幫人家畫肖像這樣子而已。

所以不管孩子是資優的，還是不資優的，或只是普通的，最好是什麼都不會的，我都希望他能夠從美術教育（非才藝班）的學習過程裡面，得到很大的樂趣，不斷地超越自己，超越他的老師、超越自己的父母，做一個很快樂的、很真實的自己。這是我對美術資優班的建議，也是我對想讓孩子學畫圖的父母的鼓勵。

有藝術天分的孩子要出國嗎？

真的有天分的孩子要不要送出國呢？以現在台灣的學習環境，我鼓勵孩子出國。讓孩子離開台灣這個環境，到國外去看一看，不一定為了文憑，至少讓他的生活經驗增長。去認識不同國家的藝術家，接受不同文化的洗禮，我相信孩子的世界會更大。

我常跟朋友說，出國念幾本書、拿什麼學位沒什麼了不起；但是讓自己離開熟悉的環境，進入陌生的世界，講不同的語言、吃不同的食物、適應不同的生活習慣；從害怕到適應，到發表自己的想法，你的所有潛在能量都要發揮到極致；包括身體的健康、人際關係、靈活的頭腦、抵抗挫折的能力，然後你才發現「我真的很厲害，我都做到了」。之後回到國內這個熟悉的地方，有親朋好友的幫忙，你要不偉大起來也難啊！

我分享我自己出國的經驗：美國的學習比較快速，而且比較新潮，但是學費與生活費相對比較高，一年大概要花掉台幣一百萬。在歐洲的學習，以我自己在德語系的國家經驗，學費是免學費的，但要自己處理生活費；五年，我花了六十萬台幣。當然我在暑假有打工加上省吃儉用，出國與回國時穿的內褲是同一條。這些提供大家當參考。但是在歐洲學習的時間也要拉得比較長一點。

日本也是可以考慮的，因為就近方便；或是東南亞泰國的藝術也很好；**讓孩子離開所熟悉方便的環境，認識自己，創造自己，享受一下孤獨的機會，就是創造力很好的泉源**。當然是在台灣念完大學再出去會比較適合，不宜太早送出去，否則青少年問題滿麻煩的。

◆家長提問◆

Q：我自己是數學老師，因為我本身也是受舊式教育的，我的孩子沒有上幼兒園，因為找不到好的，我想問許老師如何挑選幼兒園？

A：當初我的孩子在找幼兒園的時候，我也是找得很累，我差一點想要自己辦一所「發展式的幼兒園」，可是後來發現責任太大了；資金來源也是一個很大的問題。我很想建議台北市政府把公園開放出來，給有教育理想的人一個空間在公園內辦一所幼兒園或托兒所；一座很漂亮的二層樓尖頂白牆紅瓦建築，窗戶有花。大樹下有沙坑，有水池。草地上有鴨子、雞、鵝、小白兔及小花。大樹可以爬，草地可以打滾。老師在大樹下講故事，小朋友在淺水池與鴨子一起戲

水，有藍天，有白雲，還有微笑的風；漂亮的建築又增添公園的景觀。孩子置身大自然比在教室內吹冷氣好多了。

可是城市的很多幼兒園都是在巷子內，孩子曬不到太陽，這是很不應該給孩子的學習環境。所以我的孩子最後還是選擇了公立的幼兒園。公立幼兒園至少我肯定的一點是，跟小學或大學併在一起，他們有很大的校園，師資也都是合格的，而且沒有招生的壓力，基本設備也俱全，是可以考慮的環境。當然有些私立學校辦得很棒。我想，一個孩子將來的成就不是光靠哪一個學校、哪一位老師，而是父母有沒有用心帶孩子。

Q：我是安親班的老師，一、二年級的小朋友有「畫圖作文」的功課，也就是學校老師發一張白紙和一個題目給孩子，如「最喜歡的動物」，上面的空白欄是畫圖的地方，下面是寫文字的地方。是要孩子先畫圖，再寫文章好呢？還是先寫文章再畫圖？有的孩子畫圖有困難，寫文章也有困難。不知道要從哪裡著手比較好？

A：依孩子個性不同，而讓孩子自由決定先畫圖或先作文。只要孩子進入國小以後，學校常常要孩子看完一篇文章或是生活日記配插圖。到底是先寫文章？還是先畫插圖？

老師可以跟孩子討論一下，他想要先畫圖，就先畫圖。再依據圖面來寫文章，這種文章會很感性。如果孩子覺得先寫好文章，再畫圖也可以，這文章會寫得很理性，圖也會畫得很理性。老師可以依孩子個性的不同，而做不同的指導。

老師在指導之前可先來個暖身暖腦，從「自己喜歡的動物」談起，再引起孩子的話題討論，或提供一些輔助教材，當孩子有自己意見時就可以開始工作了。

基本上我都鼓勵老師先跟孩子「討論」今天的題目，比方：「我最喜歡的動物」，就從老師與孩子的生活經驗談起。所謂的暖身暖腦是激起工作動機，可以做肢體的表演，引起孩子生活經驗的回憶和聯想，串聯起來發表，這樣是比較容易而且好玩的。

20 一般的孩子要如何發展藝術才能？

這本書跟各位朋友分享的就是我個人從事美術教育二十多年的心得，其實可以歸到「兒童發展」的觀念，教學的設計就稱為「發展式的教學法」。所謂發展式的教學法就是允許孩子用自己的想法，去做自己想要做的事情，但要注意安全、禮貌與責任的問題。這有別於一般傳統式的觀念。所謂傳統式，就是讓孩子屈服於大人的權威與樣板模式，老師說什麼，孩子就做什麼，最好不要有自己的意見。但我認為兒童的發展來自於環境良性的互動。

發展式教育：結合傳統的行為規矩和智慧的啟發

最近這十年來，我也從西方的社會引進了所謂「啟發式的教育」、「開放式的教育」。當孩子與父母初次接觸到這種「孩子完全自主」的環境時，會發現家裡出現了小霸王，自己很有意見，卻不聽別人的意見。其實大家都想讓孩子快快樂樂，也知道不能去壓抑孩子的想法，但是孩子變成沒有規矩也不對，在傳統與開放之間，造成很多父母的困惑，就像一般人常說的「捏緊了怕悶到，放開了怕飛走」，我深深感覺到現代父母的難為。

傳統的道德倫理觀念是東方文化很特殊的儒家思想，也是社會秩序的建立，是我們東方人習慣的家庭語言。它並沒有不好，但那種「師傳徒」的傳統技法教學，卻限制了創造力的發展，也縮小了個人的成長空間。

啟發式或開放式的觀念剛好彌補了舊式教育的盲點，它讓孩子在智慧上得到解放，但卻在倫理道德的尺度讓我們抓不到標準，總感覺亂亂的，很難接受，孩子一直在挑戰大人的耐性與修養。某些強化開放式教育的幼兒園孩子與一般傳統幼兒園的孩子，在性格、想法、處理事情、人際關係、甚至於父母的道德價值觀表現，都有明顯不同。

我在台灣求學時，是傳統教育下的不被尊重者。我出國後，在維也納留學時間，我找到了我的智慧。我回國後一直在思考這樣的問題：一方面「尊重傳統」的可愛，另一方面又可「開發孩子的智慧」。倫理道德的觀念可以維繫人類一定的秩序，那麼在創造力及自我表達能力方面，我希望用啟發性的觀念，讓孩子們多一點表現自己的機會；讓這兩者併合為「發展式教育（Development of Education）」；也就是在行為規矩方面的要求，我非常傳統，我喜歡看到人與人之間有禮貌，有責任感；至於腦袋裡面的思考與創意，在不傷害自己與不干擾別人的情況下，我百分百尊重孩子。這樣我比較容易判斷，什麼時候我該鼓勵孩子勇敢前進，什麼時候我該阻止不幸事情的發生。因此我工作室的孩子、家長還有老師，都是有禮貌的、有責任感又有創意的人！

我的孩子在社會競技場有座位嗎？

有所為有所不為，我想這樣子比較公平。當我們談教育孩子，總會談到孩子將來長大會離開我們的身邊，然後進入社會找一份工作，這時才是他人生舞台的開始。因為在學校、在我們的身邊，總有一個保護膜在保護他。很多父母用了很多心思，去阻擋孩子應該要自己去克服的一些問題。可是孩子離開學校、離開父母進入社會以後，這整個人生舞台都是競賽。我們是不是很放心孩子用我們的家庭觀念及學校知識就可以照顧自己了？這麼多年來，父母給他的一些價值觀：包括人際關係、環境適應、挫折抵抗、公益與私利價值判斷等，他是不是真的會運用在照顧自己，或幫助別人身上，或是為了追求考試成績而忘了這些？這是我所關心的。

有人說「三歲決定一生」，也就是說孩子進入幼兒園後，人生就不斷地在演練「環境適應」這事情；熟練的人就得到幸福，沒概念的人或自以為是的人就融不進社會競技場，因為他不明白自己的角色，也找不到表演的項目；當然他也可以是一個觀望者，所以也沒有他的「座位」，於是抱怨與委曲及不滿就會造成自己或社會的傷害，成人的世界不是天天都在上演這些節目嗎？

後天的環境與孩子的發展有密切關係，但孩子的先天氣質又怎麼說呢？當精子與卵子結合的那一剎那，生命就形成了。受精卵慢慢在媽媽子宮內孕育長大成形，胎兒靠臍帶與媽媽互動。四個月後開始能感覺外在環境的變化，如聲音與觸摸等。媽媽每天要保持心情愉快，胎兒也心情愉快；妳可以聽聽音樂，他也在聽喔！妳可以到公園散散步，他也在運動喔！妳也可以看看好玩的書，他也會思考喔！爸爸心情也要保持最佳狀態，不能惹媽媽生氣，而且要逗媽媽快樂；因為媽媽的心跳、媽媽的血壓，都直接影響到胎兒在子宮內的舒服與否。所以當媽媽心情不好或吃喝刺激物時，小貝比也會鬧情緒跟妳抗議喔！妳快樂的時候，妳的血壓、妳的心跳所呈現出來的指數及子宮收縮壓力，跟妳在生氣、憤怒、不滿的時候是完全不一樣的。

當然有些環境是很難處理的，因為現在很多是雙薪的家庭，媽媽也要上班，她沒有辦法因為懷孕就把工作辭掉，來自生活及工作的壓力對胎兒也是不利的，包括長時間在電腦及電視機前，還有手機的輻射波都要小心。至於生產的過程對孩子的情緒發展也不同，分為自然生產、剖腹生產，還有難產及器物助產。自然生產的孩子必然是一個先天就健康的孩子；因為從子宮到離開產道這段過程，他需要努力為自己的人生，勇敢踏出第一步；他需要努力、再努力；媽媽也要努力；兩個人一起合作完成的新生命，令人振奮高興，爸爸也會感動想哭。這個孩子已經知道努力的結果，是快樂的，是被擁抱的；這個經驗會轉為潛意識，儲存在大腦裡面以備不時之需。

有的人是被抱出來的，也就是用剖腹的方式生產，他不需要努力就來到了人間，是看好時辰的，被強迫搭那一班人生列車來人間報到，自己沒得選擇；或是因為自然生產不順利，努力了半天仍出不來，才接受剖腹生產的孩子；及難產而靠器

物助產才成功的小貝比，與自然生產的小貝比在情緒張力上已有不同。

其實，孩子先天有先天的特質，有人說是「生辰八字」，有人說是「五行命盤」。胎兒在子宮內自己準備好的時候，也就是成熟的時候，他自己會喜歡來跟爸爸、媽媽報到的。他要坐哪一班船過來，也有一定的時刻；若我們刻意地為他安排時段，其實父母的強勢已經說明他們是不尊重小生命的。那麼再去搶時辰，對孩子日後的發展真有好處嗎？強勢的父母跟孩子的關係會一直處於「我就是要管你」和「我就是不想被你管」的緊張局面，其實不是很好。

有些孩子是坐同一班船來的，有他們的朋友，甚至有人還化了妝才來的（長胎記）。像我們生老三的時候在台安醫院，同一個時辰都生女兒，我們在產房外面等，其中有一個爸爸就說「啊！都坐同一班船來的」，大家都會心一笑。你可信，也可不信。但是我相信在媽媽懷孕的過程裡面，給媽媽一個快樂的心情，跟合適的生活環境是需要的，因為這個環境是跟胎兒一起分享的。

胎兒離開產道，進入人的世界時會哭一下，有人說他不喜歡到這個紅塵來，他難過所以會哭，其實不然。正確的講法是，因為胎兒在子宮裡是靠臍帶供應氧氣與身體所需的營養；離開母體以後，臍帶剪斷十八秒內，嬰兒必須用肺自行呼吸，哭

的動作幫助嬰兒心肺功能開始活動。這個動作如果進行太慢，嬰兒在缺氧的情形下會造成腦傷，而使日後的發展會變成遲緩，學習也將不順利。

先天的基因組合來自父母的遺傳工程，每個孩子都很可愛，父母的樣子都重覆出現在孩子臉上，父母都喜歡擁抱、歡迎孩子加入我們的家庭。我們家的孩子是單眼皮，就不要去強求雙眼皮；眼睫毛的長短與智商的高低無關，也就不用費心了。人家說單眼皮的孩子看起來比較聰明，雙眼皮的孩子看起來比較可愛；我呢，平常是單眼皮所以看起來是聰明樣，想睡覺時就會變成一單一雙，所以那時候看起來是又聰明又可愛，你相信吧！

父母到底給了孩子什麼，孩子以你們為榮嗎？

孩子進入人的環境以後，父母對他的態度就非常重要了。我們無法確實掌握遺傳基因的問題（婚前及懷孕期的健康檢查可以減少胎兒病變的發生），但是我們在乎後大環境的掌握。

我們給了孩子什麼？我想這是我們當父母的人一直要去思考的問題，我們到底給了孩子什麼。曾經有一個爸爸跟我分享，他說：「我覺得做一個爸爸要做的事情很多，說也說不清楚，但是我覺得有一點很重要，那就是孩子以你為榮嗎？」

他覺得當你的孩子很光榮嗎？很容易嗎？他覺得很快樂嗎？不管你給他錢也好；你給他買玩具也好；你給他說一段故事也好；你載著他在路上開車也好；你跟別人聊天的時候，他在你身邊也好；你跟自己的另一半，跟你自己的父母在談話，他在旁邊看你的時候，他以你為榮嗎？

我曾經在我的工作室裡面，碰到這樣的問題。有一個孩子跟另外一個孩子在吵架，孩子甲脫口而出「三字經」，我嚇一跳，因為很少有孩子這樣講話，頂多是罵人「笨蛋啦」之類，我就說「你怎麼這樣子」，他把頭揚起來一副很得意的樣子，說「我爸爸都是這樣罵我媽媽的」。爸爸為什麼會這樣呢？我猜想那位爸爸的童年經驗，他與他的父母又是怎樣的相處方式？這是家庭習慣語言，這種語言會在學校傳染，也會在工作環境漫延，但會阻絕於「良好的家規」，但卻又常常來自於家庭環境的延續；還有包括父母本身的情緒管理（品性與修養）。

我再舉一個例子，有一次我在國父紀念館散步，看到有一個國中生陪著他的

老爸爸散步，那個爸爸滿頭的白髮，兩個人走路速度很急，爸爸頭低低的，孩子在旁邊嘀咕地碎唸，從我身邊過去時我聽到了一句話：「人家不喜歡當你兒子，你知道嗎？」我想他們父子之間一定有很大很大的誤會。國中的孩子是情緒會反彈的年齡，爸爸頭低低的，他心裡一定非常難過，為什麼最後變成了「小子罵老子啊」！爸爸以前花的心血又怎麼說呢？為什麼當你的兒子那麼為難？當你的爸爸為什麼那麼辛苦？

這些我們都要好好思考，就會知道怎麼去帶我們的孩子。我們不敢期望這一代的孩子將來會孝順我們，但是我們卻願意去期望一件事情，就是將來孩子們都能跟我們親親密密的；現在我們牽著孩子的手慢慢走，我們老的時候，孩子牽著我的手慢慢走，閱讀爸爸就像閱讀歷史與哲學，越老越有味。

我要跟各位朋友分享的就是發展的觀念，是從你認識另外一半（孩子的父親或母親），你們決定要組成什麼風格的家庭就開始了，持續著經過胎教，到孩子出生；孩子在你的身邊，你看得到、摸得到、抱得到、你可以跟他對話的時候，你一直要快快樂樂地去引導孩子。你要練習聽孩子講話，孩子才有能力聽你講話。你要練習抱抱孩子，孩子才有能力抱抱你。爸爸跟媽媽兩個人的相處模式，也就是孩子

們跟別人相處的模式。如果爸爸、媽媽常常吵吵鬧鬧的，如果常常不好好講話，講話都沒有禮貌，那麼當他到幼兒園跟別人相處的時候，你們給他的模式就會完全表露出來。

老師說「哭三天就好了」，真的嗎？

三歲的孩子就有能力離開家庭，去跟不同家庭的孩子們共同遊戲與共同學習，就進入了幼兒園。不同家庭氣質的孩子們在一起，我發現一些問題：有的孩子會搶人家的玩具、有的孩子離不開爸爸媽媽、有的孩子很有禮貌，很願意去幫助別人、有的孩子會退縮在角落裡，不敢跟別人相處……等等。孩子初入幼兒園因為沒安全感會哭，不合格的老師就跟家長說「沒有關係，讓他哭三天就好了」，很多媽媽相信了，就把孩子放在那邊讓他哭三天。果真第四天就不哭了。為什麼？因為哭也沒有用，因為老師會告訴他：「你哭也沒有用，沒有人會幫你的。」或者說：「再哭，我就把你關在廁所。」這對孩子是非常、非常不好的經驗。

孩子剛剛離開家庭，跨入社會的第一步，就有人告訴他哭也沒用，沒有人會幫

助你，或者哭就要被關起來，這是不對的。我相信父母們一定都是很愛孩子的，千萬不要讓你們的孩子這樣子被糟蹋，以後他對人是不會有信心的，孩子的行為會退縮，不敢再去接觸新的學習，對學習會產生懼怕與厭惡。另外還有一種是他會產生冷漠，他不再相信別人會幫助他，他凡事自己來。我們以為他變得獨立了，可是獨立不等於寂寞或冷漠，這是不公平的。

我們希望孩子進入人的社會，他是能夠得到被幫助的、被體諒的、被擁抱的、被歡迎的，這樣子他對人才會有信心，對自己也才會有信心。因為信心就是創造的原動力，一個沒有信心的孩子絕對不可能畫圖，一個沒有信心的孩子不知道自己要做什麼。這就是有的家長會打電話給我說，「我的孩子為什麼不會畫圖？我的孩子為什麼事情都不會做」，就是這個問題。

三歲決定一生，人格啟蒙

甚至於他會衍伸出另外一個負面的社會學習傾向，比如，「你搶我的玩具，我就要把你打回來」，因為他發現他要保護自己。所有的生命物，包括人、動物、植物、微生物，都有求生存的本能。孩子在一個環境裡，他發現保護自己有兩種方法：一個是「我把自己躲起來不理別人」，你們都找不到我就好了，我自己玩。另外一個就是「反擊」，讓你知道我的存在。甚至有家長會鼓勵孩子，如果有人打你，你就把他打回去。這兩種情形將來都會產生社會適應的困難，後續的青少年問題、社會問題、傷害自己、傷害別人的事就不斷地冒出來。

所以孩子們到幼兒園，他處理事情的能力，他跟人相處的方式，都是來自於家庭的教育。所以有人說：「社會事件源自於家庭，表現於學校，發展於社會。」因此零歲到三歲很重要。

幼教學者說「三歲決定一生」，三歲決定一生不是說三歲孩子長得不漂亮，他這一輩子就不會再漂亮了；指的是人格教育，也就是說孩子在還沒有進入幼兒園之前，他在家裡受父母行事風格的影響至深至遠。別小看孩子還小不懂事，他進入幼兒園後就會把家教一大套、一大套地搬到在團體中演練。在演練過程中，是受到挫折而退縮，還是得到肯定而正向發展，就看你們的家庭是什麼用什麼方式來教育孩子。所以父母們慎選孩子的學習環境很重要，當然慎選你孩子的遺傳基因及家庭氣質也很重要。

孩子喜歡就鼓勵他去畫吧

繪畫是人類探索環境過程的本能活動，孩子能握筆時就想到處塗鴉，連自己的身體也樂於裝扮，這個行為在原住民生活中仍能順利存在；藝術創作中繪畫或工藝製作的愉快經驗，將有助於他日後處理事情的靈活性與生活美學的建立。也許你不確定孩子將來是否會當藝術家，那麼至少當他拿起筆嘗試要表現自己想法時，請給他一個鼓勵的眼神與安全的環境。

◆家長提問◆

Q：我女兒國一，最近她要求買噴漆，要把房間噴成黑色。我實在是不能接受，但我最後還是答應了。她把一面牆噴成她喜歡的樣子，可能是第一次噴漆，效果沒有她想像中的好。於是我趁著她不在家的時候就把那面牆刮掉；然後趁機鼓勵她，要幫她找美術班去上課。但她不想去美術班，她不希望被限制住。可能跟她小時候學畫的經驗有關，讓她覺得上課就是老師叫她做什麼，她就要做什麼，所以她不願意再去。但我覺得小孩一定要有人引導，如果沒有人引導，她

就沒有辦法突破。關於這方面，我該從什麼方面來引導她。她對美術有興趣，也喜歡捏玩東西，學校的教育就像許老師說的一樣滿貧乏，國一的課業也滿重，可是她畫圖可以作為消遣，我想這對她在青少年時期是有幫助的。

A：我覺得首先要尊重孩子的作品。國一的女生把房間噴成黑色的，媽媽卻把它刮掉。我覺得媽媽不應該做這個動作，這就等於把她的作品毀了，這是不尊重她的事實。我想建議這位媽媽，要好好教這個孩子，她是身上有很大能量的孩子；也許妳可以找更適當的地方，讓她在美術方面作適當的發展，讓她的創造力及好奇心有更好的出處。妳能允許她將房間噴成黑色，這是了不起的，但是請跟孩子討論一下安全的問題。至於黑色也是一個美麗的顏色，黑色跟什麼顏色搭會更好，可以參考一下色彩學的書籍，或是尊重孩子的實驗與創作。

Q：我的孩子一個是小一、一個是小五，都沒有上過正規的美術課，我想利用假日帶他們去寫生，是要讓他們自由揮灑，想畫什麼就畫什麼，還是需要在旁邊指導？

A：寫生是讓生命與大自然對話，是有些困難度的。我在藝專唸書的時候，學校也有舉辦寫生比賽，去故宮、國父紀念館、植物園、淡水，都是一些風景名勝

地。就寫生本身，我們會談到構圖、色彩、時間的控制；而我們帶孩子出去寫生，會期待孩子畫一張很漂亮的圖；包括我們去郊遊、旅行，都會要求孩子去畫一個什麼，孩子常常反應不想畫、不會畫。其實我自己有時揹著畫架出去寫生，卻常常沉醉在大自然裡，發發呆，瞇眼吹吹風，脫掉鞋襪把腳泡在水裡，很舒服耶！我也不想畫圖。倒是有些知名畫家都是用照相機拍下風景，或用鉛筆素描一下，回家再重新用水彩或油畫再畫一張。

有一些親子畫圖寫生比賽時，我還發現媽媽跟孩子一起躲在大樹底下，孩子一直畫圖，媽媽卻一直打孩子的頭，說：「你看！那邊有一座房子！那邊有一個人！」那個孩子都不理她，低下頭來畫他的青蛙、畫他的鳥；或媽媽會唸「不好好塗顏色，這樣不能得獎」；這就不是大人所想要的寫生畫。

站在教育的立場上，我們帶孩子去寫生是去接觸大自然，是去鬆弛孩子的情緒，讓他心情快樂很重要，也讓孩子學會記錄他所看到的，或當時想到的美的東西。「指導」是引起他的敏感度，讓他變成有感覺的人；因為你是人、你是藝術家，而環境只是存在的事實，所以你可以告訴孩子，用他自己的方式，再為大自然做一次詮釋，再做一次選擇。

舉例說：那邊有一根電線桿擋到美麗的房子了，你就可以把電線桿拿掉，不畫進去或移位。如果你覺得天空多一朵雲會更漂亮，那麼就來一朵雲吧！如果樹放在這邊，你覺得紅色不錯，那你就給樹塗上紅色吧！

我們要用鼓勵的方式，讓孩子用他的生命重新跟大自然對話。我相信用這樣的角度來寫生比較健康，而不是要叫他把眼睛看到的統統都描繪起來。寫生，它不全然是寫實，寫生的目的原來是藝術家與大自然的對話。

〔附錄〕

師資的培育與培訓：教授與實習

我在前面說過：有些孩子圖畫得好，可是數學能力不好；數學能力好，但是圖又畫得不好。這可能是老師的指導方法出問題了！所以孩子的能力與老師的能力兩者之間又有一些關聯了。

人一輩子必然會有很多老師，除了在教室裡傳授知識的老師以外，人生還有很多可以學習的對象。在學校是體制內的學習，這沒辦法否定的，而我們也需要一張文憑和學習成就。我們國小師資的來源，過去是統一由「師範院校」培育出來的，現在還有由各大學自行開授「教育學程」訓練出來的；他們要學的東西非常多，絕不比一般大學修的學分少，而且還比一般大學生多了與教育相關的學分及實習課程。

我在維也納修藝術教育的經驗，我也被學校分配到小學當實習教師，我發現這與台灣的教師實習很不一樣。**我的指導教授除了在大學授課，他也要到小學、幼兒園、甚至於到中學兼課；維也納教授帶著我們一起到小學，看他怎麼跟學生上課。他把平常教給我們的教育原則與概念，親身示範給我們看。**我從他身上真正知道什麼是「愛的教育」，什麼是「開放的教育」。有些老師在黑板前面講得很高興，底下的孩子把腳翹在桌子上、看漫畫書或在聊天，你的愛到底還存在多少？這是很考驗人的。我看到我的教授真的很棒，他在小學上美勞課時，學生一樣也是吵吵鬧鬧的。奧地利的兒童保護立法是非常清楚的，絕對不能處罰孩子。在課堂混亂時，教授說了一句話：**「Österreicher setzen（奧地利人請坐下）」**我發現孩子們一個個靜下來，坐下來了。你要不要認同你是奧地利人？你是非洲來的孩子、東方來的孩子、本國的孩子，你要不要當一個奧地利人，馬上在團體裡面被認定。小學三、四年級的孩子非常在乎族群、黨群的關係，所以此舉奏效。

這運用到很高境界的「哲學語言」與「兒童發展心理學」經驗。可能有些人就不坐下了！這個問題很有意思。最近大學推甄也出現了國家與民族名號的認同問題，希望大家慢慢都能夠運用大智慧與大愛，來處理與認識生活在台灣這塊土地的所有族群與物種，都能互生、共長、合作，不要讓人欺負或併吞；台灣今日的成就是靠前輩們的辛苦，我們要珍惜，不要讓過去那些不健康的歷史再重演。這是誠懇的話。

教師的能力：美「勞」課還是美「牢」課

關於老師能力的問題，我想跟父母們提醒一件事，在師範院校培訓出來的師資，大部分是普通科的老師，他什麼都要會一些，包括體育、音樂、美勞、社會、自然、地理、歷史、一般國語、算數；也什麼都要教。有很多學校在小學三、四年級以前沒有分派美勞老師，所以一般任課的老師是依自己的舊經驗，甚至於是童年經驗來教；以前他怎麼被人家肯定，他現在繼續去肯定他的學生。這種情況對有藝術創造力，甚至有點天份的孩子來說，常常是不搭調的。

我很高興看到有一些老師，他自己本身雖然不內行，但是很願意給孩子機會。我要對這些孩子說「恭喜」，你人生碰到一個真正能體諒你的老師，是非常可貴的。如果老師不限制孩子表達時，父母就多鼓勵孩子去發展。

當然不是每位老師都有足夠的修養去接受跟他想法不同的孩子。如果碰到不能認同孩子創造力的老師，父母一定要先跟孩子說清楚，在學校叫做「做功課」，美勞課也是一門功課，那麼請孩子就盡量去配合老師的要求，不要想太多。

在家裡或到我工作室時，就盡量用孩子喜歡的方式（在安全的範圍裡）去發展。因為**允許孩子在圖畫裡使用創造力，孩子會得到很高的成就感跟快樂。這些成就跟快樂會延續到將來他在社會上做事的邏輯、思考、判斷，及人格特質的取向。他會變成快樂的、合群的人**，這是有價值的。

所以學校老師的問題可分成兩個驚歎號（！），一個叫做「恭喜！」，他是一個能接受孩子不同意見的老師。另外一個叫做「正常！」，我們要認清事實，在學校便是「做功課」的心態，就以老師能接受的原則去做。我們把問題弄清楚，就比較容易接受，這也算環境適應的學習吧。

其實就我知道的情況，有些在師院修「美勞科」的老師畢業後，被學校指派當小學一、二年級的導師，什麼都要教，反而沒有機會去專心教美勞；美勞課卻常常讓那些準備要退休的老師或不適任的老師在混日子，這是嚴重的錯誤。不知教育當局了解這類事情的荒謬與否？我當心原本就不被重視的美勞課會更衰弱；若是，我們的社會體質將更不健康、更不快樂，衝突也將更多了。體制外關心美勞教育的朋友們一起加油吧！

當然孩子在成長過程裡，也需要學習所謂的適應環境。台灣的孩子是愈挫愈勇的，**挫折是創造力的動力**，將來孩子也可能到美國或其他國家去留學或做事，他也是要學習適應當地的風俗文化。

〔附錄〕

師資的培訓，人格特質才是重點

我們常把資源教室及特殊教育定位在那些身心障礙的孩子身上，談特殊是好的，我們希望透過教育對孩子資質不夠的地方有所幫助。資質很好的孩子，我們也希望好好培養，把他優秀的地方拿出來跟社會分享。

至於師資的培訓，我覺得師範學院師資培訓的系統有全面檢討的必要，現在大家在談十二年國教、免試入學，我覺得不是制度的問題；其實在歐洲的學制，是四年小學，八年中學；而台灣跟美國應該是比較接近的六年加六年。我想不是學習制度的問題，也不是念幾年的問題，也不是考試用筆或用口測驗的問題，也不是書包大小的問題，更不是一週上課幾小時的問題，而是師範院校培育一個師資的過程，這個管道要檢討的問題。

要培育一個老師，不能由考試的分數來錄取人，他的人格特質適不適合扮演「啟蒙者」的角色這才是重點。我常常建議幼兒園的園長、小學的校長、中學的校長，這些人有長期的教育經驗，對教育又有理想，他們應該直接跟孩子面對面的生活。政府和學校應該主動禮聘他們去開課或演講，把他們的經驗與理想作傳承。而不是由很會讀書的人，三十歲左右拿到博士、碩士文憑，就在師院開課當教授或講師；自己從來不跟孩子玩，卻要教那些用分數考進來的學生如何當個好老師。

師院的教授要會跟孩子玩。由他們這種有經驗有理想的人來培訓師資，我想這才是最有價值的，我們的教育也才有希望。**在當老師之前的學校實習課，也應是教授帶著準老師一起到幼兒園、小學、中學一起面對孩子，檢驗教授自己在大學開課的理論與理想**。（師院教授應是一學期在中、小學任課，一學期在大學開課。）

國家圖書館出版品預行編目(CIP)資料

畫板上的教養課 / 許榮哲著. -- 初版. -- 臺北市 : 商周出版 : 家庭傳媒城邦分公司發行, 2017.08
面 ;　公分. -- (商周教育館 ; 12)
ISBN 978-986-477-292-6(平裝)

1.親職教育 2.藝術教育

528.2　　106012645

商周教育館12

畫板上的教養課：
啟發兒童的思考力、執行力、創造力，解決問題的能力，享受成就感

作　　者／許榮哲
內頁插圖／許榮哲
企劃選書／黃靖卉
責任編輯／彭子宸

版　　權／翁靜如、黃淑敏
行銷業務／張媖茜、黃崇華
總 編 輯／黃靖卉
總 經 理／彭之琬
發 行 人／何飛鵬
法律顧問／元禾法律事務所王子文律師
出　　版／商周出版
台北市104民生東路二段141號9樓
電話：(02) 25007008　傳真：(02)25007759
E-mail：bwp.service@cite.com.tw
發　　行／英屬蓋曼群島商家庭傳媒股份有限公司城邦分公司
台北市中山區民生東路二段141號2樓
書虫客服服務專線：02-25007718；25007719
服務時間：週一至週五上午09:30-12:00；下午13:30-17:00
24小時傳真專線：02-25001990；25001991
劃撥帳號：19863813；戶名：書虫股份有限公司
讀者服務信箱：service@readingclub.com.tw
城邦讀書花園：www.cite.com.tw
香港發行所／城邦（香港）出版集團
香港灣仔駱克道 193 號東超商業中心 1F　E-mail : hkcite@biznetvigator.com
電話：(852) 25086231　傳真：(852) 25789337
馬新發行所／城邦（馬新）出版集團【Cite (M) Sdn Bhd】
41, Jalan Radin Anum, Bandar Baru Sri Petaling,
57000 Kuala Lumpur, Malaysia.
電話：(603) 90578822　傳真：(603) 90576622
Email: cite@cite.com.my

封面設計／朱陳毅
內頁設計排版／洪菁穗
印　　刷／中原印刷事業有限公司
經 銷 商／聯合發行股份有限公司
地址：新北市231新店區寶橋路235巷6弄6號2樓
電話：(02)2917-8022 傳真：(02)2911-0053

■2017年8月10日 初版一刷

ISBN 978-986-477-292-6　　Printed in Taiwan

定價320元

城邦讀書花園
www.cite.com.tw

廣	告	回	函
北區郵政管理登記證			
北臺字第000791號			
郵資已付，免貼郵票			

104　台北市民生東路二段141號2樓

英屬蓋曼群島商家庭傳媒股份有限公司城邦分公司　收

請沿虛線對摺，謝謝！

商周出版

書號：BUE012　　書名：畫板上的教養課　　編碼：

請於此處用膠水黏貼

商周出版

讀者回函卡

感謝您購買我們出版的書籍！請費心填寫此回函卡，我們將不定期寄上城邦集團最新的出版訊息。

不定期好禮相贈！
立即加入：商周出版
Facebook 粉絲團

姓名：________________ 性別：□男 □女

生日：西元________年________月________日

地址：________________

聯絡電話：________________ 傳真：________________

E-mail ：

學歷：□ 1. 小學 □ 2. 國中 □ 3. 高中 □ 4. 大學 □ 5. 研究所以上

職業：□ 1. 學生 □ 2. 軍公教 □ 3. 服務 □ 4. 金融 □ 5. 製造 □ 6. 資訊

□ 7. 傳播 □ 8. 自由業 □ 9. 農漁牧 □ 10. 家管 □ 11. 退休

□ 12. 其他________________

您從何種方式得知本書消息？

□ 1. 書店 □ 2. 網路 □ 3. 報紙 □ 4. 雜誌 □ 5. 廣播 □ 6. 電視

□ 7. 親友推薦 □ 8. 其他________________

您通常以何種方式購書？

□ 1. 書店 □ 2. 網路 □ 3. 傳真訂購 □ 4. 郵局劃撥 □ 5. 其他______

您喜歡閱讀那些類別的書籍？

□ 1. 財經商業 □ 2. 自然科學 □ 3. 歷史 □ 4. 法律 □ 5. 文學

□ 6. 休閒旅遊 □ 7. 小說 □ 8. 人物傳記 □ 9. 生活、勵志 □ 10. 其他

對我們的建議：________________

____

____

請於此處用膠水黏貼